KB215355

김형민 목사의 샤인 영성

# 많이 힘드셨죠?

김형민 목사의 샤인 영성
많이 힘드셨죠?

지은이 · 김형민
초판 발행 · 2019. 2. 20
7쇄 발행 | 2019. 3. 13.
등록번호 · 제1988-000080호
등록된 곳 · 서울특별시 용산구 서빙고로 65길 38
발행처 · 사단법인 두란노서원
영업부 · 2078-3333 FAX080-749-3705
출판부 · 2078-3331

책 값은 뒤표지에 있습니다.
ISBN 978-89-531-3414-0  03230

독자의 의견을 기다립니다.
tpress@duranno.com      http://www.Duranno.com

두란노서원은 바울 사도가 3차 전도여행 때 에베소에서 성령 받은 제자들을 따로 세워 하나님의 말씀으로 양육하던 장소입니다. 사도행전 19장 8-20절의 정신에 따라 첫째 목회자를 돕는 사역과 평신도를 훈련시키는 사역, 둘째 세계선교(TIM)와 문서선교(단행본 · 잡지) 사역, 셋째 예수문화 및 경배와 찬양 사역, 그리고 가정 · 상담 사역 등을 감당하고 있습니다. 1980년 12월 22일에 창립된 두란노서원은 주님 오실 때까지 이 사역들을 계속할 것입니다.

# 많이 힘드셨죠?

김형민
목사의
샤인 영성

두란노

# 차례

## Part 2. 빛이 들어오다

프롤로그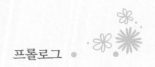

　내가 세 살쯤 되던 해, 추운 겨울로 기억한다. 나는 어머니의 등에 업혀서 재래시장에 갔다. 전등들이 환하게 켜져 있었고 시장은 대낮처럼 밝았다.

　어머니는 어떤 가게 앞에 서 계셨다. 특별한 모자 하나가 어린 내 눈에 들어왔다. 금색, 은색, 청색의 동그란 액세서리들이 바람과 함께 춤을 추고 있었다. 백열등이 그것들을 환하게 비출 때, 빛이 파도처럼 출렁였다. 나는 어머니의 등 뒤에서 머리를 꼿꼿이 세운 채 한참 동안 그것을 바라보았다. 나는 신비롭게 보이는 그것들을 갖고 싶었지만, 어머니는 서둘러 가게를 지나가셨다. 이것이 내가 태어나 처음으로 경험한 빛에 대한 기억이다. 그 빛은 아주 따뜻했고 황홀했다. 그 기억은 평생 지속되었고, 나이가 들어도 행복한 느낌을 받는 장소에서 꼭 그 생각이 났다.

　굳이 서두에 이 이야기를 꺼내는 것은 이 책이 빛에 관한 글이기 때문이다. 아이의 눈으로 본 것보다 훨씬 아름답고 근원적인 '큰 빛'에 관한 이야기다. 내가 예수님을 믿고, 그 빛이 내게 다가왔을 때, 나의 모든 것이 달라지기 시작했다. 평생 가지고 있었던 정죄와 상처에서 벗어났고, 마음이 깨끗해졌다.

또한 전에는 매우 불안정한 사람이었는데, 점점 '평화의 사람'이 되어 가고 있다. 지금 나는 내 인생을 바르게 이끌어 주신 예수님께 감사하며 건강한 마음으로 살아가고 있다. 나에게 일어난 변화가 독자들에게도 일어나길 기도한다. 매일 입술에 '죽고 싶다'를 달고 사는 자, 죽고 싶은 오만 가지 이유를 찾는 자들에게 적어도 살아야 할 한 가지 희망을 발견하게 하는 그런 책이 되었으면 한다. 사람 살리는 것보다 더 큰 보람이 어디 있겠는가!

예수께서 또 말씀하여 이르시되 나는 세상의 빛이니 나를 따르는 자는
어둠에 다니지 아니하고 생명의 빛을 얻으리라 / 요한복음 8:12

## Part. 1

마음을 / 디자인하다

# 샤인!

우리 대안학교 유치원에 말씀을 전하러 갔다. 설교에 집중할 만한 큰 아이들도 있었지만, 아직 기저귀를 차고 있는 어린 아기들도 보였다. 나는 말씀을 전하기 위해 준비해 갔던 도구들을 책상 위에 펼쳐 놓고, 평소 나의 인사법대로 말문을 열었다.

"샤인~!"

"말에는 예쁜 말, 더 예쁜 말, 가장 예쁜 말이 있단다. '예쁜 말'이 사랑하는 말이고, '더 예쁜 말'은 기도이고, '최고 예쁜 말'은 하나님을 찬송하는 말이란다. 너희가 더 예쁜 말, 최고 예쁜 말을 하면 착한 천사가 와서 그것들을 받아서 하나님

앞으로 가지고 올라가는 거야.

향연이 성도의 기도와 함께 천사의 손으로부터 하나님 앞으로 올
라가는지라 /요한계시록 8:4

너희가 하는 예쁜 말은 입에서 나오는 보석과 같아.
오늘은 너희에게 행복, 기쁨, 감사, 희망, 축복이라는 '사랑
하는 말 다섯 가지'를 가르쳐 주려고 해.

너희가 앞으로 힘든 사람들에게 행복을 주고, 기쁨을 주고, 감사를 주고, 희망을 주고, 축복을 줄 수 있으면 좋겠어. 이 말들은 보석처럼 너희 마음과 다른 사람들의 마음을 '반짝반짝'하게 비추어 줄 거야. 자, 애들아! 먼저 '행복'이라고 말해 볼까?"

아이들: 행복!

나: 와~ 다이아몬드가 나왔네.

아이들: 기쁨!

나: 와~ 사파이어다.

아이들: 감사!

나: 와~루비다.

아이들: 희망!

나: 와~ 진주다.

아이들: 축복!

나: 와~ 금이다.

나는 아이들이 예쁜 말을 할 때마다 도구들을 하나씩 폈다.

많이 힘드셨죠?

"너희가 예쁜 말을 하니까
앞에 보석들이 많이 쌓였네?

너희가 이것을 사람들의 귀에 말해 주면,
사람들의 마음이 보석함이 되고 말 거야!"

행복, 기쁨, 감사, 희망, 축복을 반복해서 말하며 방긋방긋 웃는 아이들과 함께 있으니, 나도 모르게 미소가 그치지 않았다.

그리고 아이들은 집으로 돌아갔다. 그런데 여기저기 엄마들에게서 연락이 오기 시작했다. 집에 도착한 어떤 아이는 "엄마, 금을 갖고 싶으세요?"라고 엄마에게 질문을 했다.

"네가 금이 어디 있다고 그래?"

"엄마 귀 좀 빌려주세요. 제가 엄마 귀에다 금을 넣어 드릴게요. 축복, 축복, 축복!"

그날 아이 엄마는 어떤 문제 때문에 마음이 어렵고 답답했었다. 그런데 이 말을 듣고 나니, '주께서 내 마음을 아시고 위로하시는구나' 생각되어 엉엉 울었다고 했다.

또 다른 아이는 엄마가 아빠 문제로 괴로워하는데, "엄마, 저에게 귀 좀 빌려주시겠어요? 제가 진주를 드릴게요. 희망, 희망, 희망!"이라고 말했다. 엄마가 그게 무슨 뜻이냐고 묻자, 아이는 "그것은 인내를 잃지 마시라는 뜻이에요"라고 말했다고 한다.

많이 힘드셨죠?

그날 대부분의 아이들이 집에서도 "기쁨! 기쁨! 기쁨!"이라고 말하며 뛰어놀았다고 했다. 그리고 놀랍게도, 아이들이 밥을 먹을 때도 행복, 기쁨, 감사, 희망, 축복이라는 말을 입에서 놓지 않더라는 것이다.

아이들이 이렇게 밥상머리에서도 다섯 가지 사랑하는 말을 쓰자, 그 가정의 부부 사이가 달라지고 집안 분위기가 달라지기 시작했다.

언어는 정말 신비하다. 마음을 바꾸려고 한 것이 아닌데, 말을 바꾸자 마음이 달라지고 모든 게 변화되기 시작했다. 나는 그날 하나님께 많은 감사를 드렸다. 그리고 불현듯 이런 생각이 들었다.

'사람과 통하는 말을 해도 이 정도인데, 하물며 하나님과 통하는 말을 시작하면 우리가 어떻게 달라질까? 땅에서 쓰는 말들을 추려서 만든 행복, 기쁨, 감사, 희망, 축복의 말을 해도 아이들의 마음이 움직이는데, 하늘과 통하는 기도와 찬송은 얼마나 파워풀할까?'

이 비밀을 일찍 깨달은 사람이 다윗왕이었고, 그런 국가가 이스라엘이었다.

> 이 백성은 내가 나를 위하여 지었나니 나를 찬송하게 하려 함이니라 /이사야 43:21

다윗은 왕이 되고 나서 제일 먼저 24시간 하나님을 찬송하는 장막을 만들었다. 그리고 솔선수범하여 모든 백성이 그를 보게 했다. 오벧에돔 가정에서 법궤를 들여오던 날, 다윗은 옷이 벗겨질 정도로 하나님을 위해 춤을 추며 경배했다(사무엘하 6:20).

하나님은 이런 다윗을 사랑하고 아끼셔서, 온갖 부귀영화와 존귀를 그에게 안겨 주셨다. 그리고 땅의 축복보다 더 좋은 하늘의 축복을 그에게 허락하셨다.

> … 다윗을 왕으로 세우시고 증언하여 이르시되 내가 이새의 아들 다윗을 만나니 내 마음에 맞는 사람이라 내 뜻을 다 이루리라 하시더니 하나님이 약속하신 대로 이 사람의 후손에서 이스라엘을 위

많이 힘드셨죠?

그런데 다윗뿐만 아니라 오늘을 사는 현대인들도, 하나님을 찬양하는 마음이 있으면 주님이 발견하시고 축복해 주신다. 특별히 위기 가운데 있어서 도무지 감사가 나오지 않는 환경인데도, 하나님께 감사하며 찬송하는 사람들에게는 기적이 일어난다.

CBS의 한용길 사장은 찬송으로 대박을 맞은 좋은 케이스다. 그는 방송국에서 나와 사업을 하다 사기를 당했다. 전 재산을 날리고 큰 빚까지 지게 되었다. 아이들은 어리고 길에 나앉게 생긴 그 광야의 시간에 주님께 눈물로 기도했다.

"제가 지금 백수로 놀고 있지만, 다시 한 번 기회를 주십시오. 사장 선거에서 떨어지고 옷 벗고 방송국에서 나와야 했지만, 한 번만 더 기회를 주셔서 다시 방송국으로 돌아갈 수 있게 해 주십시오. 기적이 일어나 제가 사장이 되게 해 주신다면, 24시간 내내 라디오에서 하나님을 향한 찬송이 흘러나오게 하겠습니다."

하나님은 그 기도를 들어주셨고 그는 방송국의 사장이 되었다. 수일 전만 해도 꼴찌였던 그가, 당일에 일등이 되는 기적이 일어났다. 그뿐이 아니다.

3년 뒤에 재출마하여 선거를 치를 때도 그는 하나님을 의지하고 찬송을 놓지 않았다. 출마한 사람들이 인터뷰하는 시간에, 그는 밖에서 대기하며 엘샤다이, '전능하신 하나님' 찬송을 불렀다. 하나님은 그를 높이셨고 다시 그를 쓰셨다.

4년 전 첫 번째 취임식 직후에 CBS 직원예배 설교를 하러 갔는데, 그는 찬송의 정신이 가득하여 제일 큰 소리로 예수님을 높였다. 기도하는 시간에도 사람들을 보지 않고 오직 하나님께만 집중하며 큰 소리로 예수님을 높이며 기도했다. 두 번째 취임식 직후에도 가서 보니 그는 그때와 다름없이 두 손을 높이 들고 자신에게 두 번째 기회를 주신 주님께 더욱 소리 높여 찬송했다.

하나님은 당신을 사랑하여 찬송하는 자는 누구든 찾아내어 높여 주신다. 하나님은 찬송 중에 거하신다고 말씀하실 만큼 찬송을 가장 기뻐하신다(시편 22:3). 찬송하는 사람은 복을 받는다.

여기서 나는, 이윤정 자매 이야기를 하지 않을 수가 없다. 윤정 자매는 서울시립대 성악과 학생으로 우리 교회에 출석했다. 그 전에는 타 교회에서 아르바이트 겸 성가대에서 솔로로 봉사를 했다. 그것도 한 교회가 아니라 주일 오전에 여러 곳을 다니며 필요한 돈을 벌고 있었다. 그러다 그녀를 만나게 되었는데, 내가 처음 만났을 때 아끼는 마음으로 쓴소리를 해 주었다.

"교회는 일하러 다니는 곳이 아니라, 주님을 예배하고 찬송하러 가는 곳입니다."

윤정 자매는 그날 회개하고 진정한 봉사를 하기 시작했다. 성가대에서 봉사도 하고 교회를 오고 갈 때 지하철 안에서 전도하면서 찬송을 불렀다. 그렇게 그녀는 어디서든 예수님을 인정했으며 사랑했다. 어느 날 주께서 나에게 감동을 주셔서 강단에서 예언적 선포를 했다.

"윤정아, 너는 오페라 가수로서 미국의 카네기홀에 서게 될 것이다."

그녀는 학생에 불과한 자신에게 너무 믿기지 않는 이야기다 싶었는지, 그냥 방글방글 웃었다. 그녀는 "목사님, 제가 정말 그렇게 될 수 있을까요?"라고 내게 물었다.

"윤정아, 너는 꽃보다 이쁘고 별보다 크다. 네가 그분을 믿고 신뢰하면 하나님은 자녀인 너에게 무엇이든지 다 주실 수 있다."

윤정이는 그 말에 이렇게 말했다.

"만일 하나님이 제게 그런 기회를 주신다면, 제가 받을 상금의 반을 주님께 드리겠습니다."

나는 그녀에게 친절하게 이렇게 말해 주었다.

많이 힘드셨죠?

"윤정아, 나는 너의 헌금에 관심이 있는 것이 아니다. 그저 네가 하나님의 도우심으로 복을 받는 것을 보고 싶을 뿐이란 다. 경쟁이 치열한 클래식 음악계에서 가난한 네가 하나님의 도우심으로 복을 받았다는 것을 세상에 알려 주었으면 한다."

윤정은 정말 열심히 노래를 연습했고, 새벽에 나와서 받은 약속을 붙잡고 기도했다.

그러던 어느 날 그녀가 세계에서 손에 꼽히는 큰 대회인 마리아칼라스 대회에 나가게 되었다. 늘 초라한 드레스밖에 입을 수 없었던 그녀를 위해, 나는 반짝이가 수백 개 달린 하얀색, 청색 드레스 두 벌을 마련해 주었다. 그런데 드레스가 문제가 아니었다. 그리스에서 결승전이 있던 당일 오전, 윤정의 목이 쉬고, 소리가 잘 나오지 않았다. 감기 탓인지 기후 탓인지 윤정은 많이 낙심이 되었다.

그런데 평상시 교회에서 위기에 감사하는 '샤인 훈련'을 받은 윤정은 힘을 내어 하나님께 감사로 찬송을 부르기 시작했다. 윤정은 '주 예수보다 더 귀한 것은 없네'를 불러 주님을 높였다. 저녁 공연까지 쉬게 해야 하는 목이었지만, 모든 상황을 주님 손에 맡기고 찬송을 불렀다. 그때 윤정의 소리가 기적적으로 돌아왔고 윤정은 무대에 계속 설 수 있었다. 경쟁자들이 독일어와 이태리어로 된 가사를 잊지 않기 위해 긴장하며 외우고 있을 때, 윤정은 환하게 웃으며 대기했다. 믿음이 있으면 여유와 생기와 기쁨이 온다.

오전과 같은 목 상태였다면 서 보지도 못할 무대였다. 윤정은 무대에 올라가는 것만 해도 감사할 뿐이었다. 주님께서는 사람의 믿음을 따라 역사하신다. 윤정은 약속을 믿었고 그래서 기쁘게 주님을 찬송했다.

결국 그녀는 세계를 제패했고 대상을 받았다. 윤정은 상금으로 천사백만 원을 받아 장학금으로 써달라며 칠백만 원을 교회로 보내왔다. 그런데 놀라운 것은 마리아칼라스 대회 역사상 처음으로 부상이 주어졌는데 그것이 미국의 카네기홀에서 공연을 하는 것이었다.

하나님은 이렇게 믿음으로 감사하는 자, 감사해서 찬송하

많이 힘드셨죠?

는 자를 마음껏 축복하신다! 믿음이 감사고, 감사가 찬송이다. 이 세 개의 하이라이트(Highlight: 가장 밝게 빛나는 부분)를 가지고 위대하고 큰 빛(Great Light, 마태복음 4:16) 안에서 살아가는 사람이 하나님의 자녀이다. (나는 이것을 '샤인 영성'이라는 말로 함축해서 사용하고 있다.)

> 일어나라 빛을 발하라 이는 네 빛이 이르렀고 여호와의 영광이 네 위에 임하였음이니라 /이사야 60:1

우리는 알아야 한다. 하나님의 자녀들은 그 높은 곳 '하이라이트'에서 사는 독수리들이다. 하나님은 우리가 땅에서 썩은 고기로 배를 채우는 독수리로 살기를 원하지 않으신다. 독수리는 날아야 한다. 그것도 어두컴컴한 폭풍의 시기에, 저 너머 밝은 태양을 바라보기 위해 올라가는 독수리여야 한다. 독수리는 태양을 직접 마주하고도 눈이 상하지 않는 유일한 하나님의 피조물이다. 천국 독수리인 우리도 하나님의 빛을 받아야 한다. 그렇게 하나님의 힘과 위로를 받고 이 땅에서 살아가야 한다.

기지개를 켜라!
큰 날개를 펼쳐라!
유유히 하늘로 날아오르라!

피곤한 자에게는 능력을 주시며 무능한 자에게는 힘을 더하시나니
소년이라도 피곤하며 곤비하며 장정이라도 넘어지며 쓰러지되 오
직 여호와를 앙망하는 자는 새 힘을 얻으리니 독수리가 날개치며
올라감 같을 것이요 달음박질하여도 곤비하지 아니하겠고 걸어가
도 피곤하지 아니하리로다 /이사야 40:29-31

많이 힘드셨죠?

## 오늘의 위로엽서

1. 예쁜 말 다섯 가지를 반복해서 말하며 자신을
   축복해 주세요.
2. 주변에 있는 힘겨운 삶을 살아가는 이들을
   위해서 예쁜 말 다섯 가지로 축복해 주세요.

샤인!

# 주의 손이 나를 붙잡네

로라라는 이름은 '불꽃'이라는 뜻을 가지고 있다. 나는 그녀에게 이 이름을 선물로 주었다. 그녀는 초등학교 선생님이고 아주 귀여운 얼굴을 가지고 있다. 로라의 아버지는 2년 전에 빚에 쫓기다 목을 매어 자살을 했다. 그리고 4개월 뒤에 그녀는 성폭행을 당하게 되었다. 한꺼번에 닥친 이 두 가지 일은 로라에게 큰 마음의 병을 가져다주었다. 그녀는 공황장애와 우울증에 시달렸을 뿐만 아니라, 몇 번이나 죽으려고 자살을 시도했다.

아버지 일과 관련해서는 구급차의 사이렌 소리만 들려도 고개가 돌아가는 틱 발작이 일어났다.

그러던 중 2017년 12월에 빛의자녀교회에 오게 되었고, 그
첫 주일에 '일주일에 한 곡씩 나를 위해 찬송을 지어 보렴' 하
고 말씀하시는 주님의 음성을 듣게 되었다. 그렇게 3개월을
순종하며 노래를 만들면서 새벽기도회에 나가기 시작했다.
그리고 2018년 8월 완전히 모든 병에서 고침을 받았다.

예수께서 이르시되 딸아 네 믿음이 너를 구원하였으니 평안히 가
라 네 병에서 놓여 건강할지어다 /마가복음 5:34

그녀는 너무 감사해서 지인들에게 이 사실을 알려 주었다.
그녀가 마가복음 5장을 스마트폰으로 읽으면서 횡단보도를
건너가는데, 뒤에서 구급차가 지나갔다. 그런데 처음으로 틱
발작도 오지 않았고 찻길 가운데서 주저앉지도 않았다. 그녀
는 하나님께 감사하여 '내가 받은 하나님의 사랑을 흘려보내
야겠다'고 결심했다. 그리고 앞으로 자살 유가족들을 위로하
고, 성폭행 피해자들에게도 예수님의 복음을 전하는 사람이
되어야겠다고 다짐했다. 그녀는 지금 음악 치료를 전공하기
위해 대학원 진학을 준비하고 있다.

예수님은 누구에게나 희망이 되신다. 희망은 제2의 생명이다. 사람들이 목숨을 끊는 것은 희망이 없기 때문이다. 예수님을 믿으면 희망이 생기고 상처도 치유될 수 있다. 예수님은 우리에게 희망을 주시기 위해 우리의 모든 죄와 절망을 십자가에서 지고 가셨다. 주님은 십자가를 지실 때 주먹과 채찍으로 맞고, 못에 뚫리고, 침 뱉음과 옷 벗김을 당했다. 그리고 마지막엔 목숨까지 주셨다. 그저 값없이 우리에게 예수님이 주신 구원을 선물로 받으라는데, 그것 하나도 하지 못한다면 더 말해 무엇할까.

> 어떤 사람은 그에게 침을 뱉으며 그의 얼굴을 가리고 주먹으로 치며 이르되 선지자 노릇을 하라 하고 하인들은 손바닥으로 치더라
>
> /마가복음 14:65

미국에서 만들어진 '패션 오브 크라이스트 (The Passion of the Christ)'라는 영화가 있다. 예수님의 수난에 관한 영화로 기독교 영화 중에 가장 잘 만들어진 것으로 손꼽힌다. 주인공인 제임스 카비젤이 골고다 언덕으로 십자가를 지고 올라가는

장면에서 갑자기 벼락이 쳤다. 제임스의 머리카락에 불이 붙고 그가 뒹굴며 기절을 했다. 그는 의식을 잃었고 사방은 고요한데 어두운 기운이 그를 덮쳤다. 그때 "너, 죽어!"라고 말하는 사탄의 음성이 들렸다.

제임스는 누워 있는 채로 사탄에게 이렇게 말했다. "나는 예수님을 믿으니 죽으면 바로 천국으로 들어간다. 그러니 아무것도 두려울 것이 없다. 그런데 네가 할 수 있는 게 고작 이게 다냐?"

이렇게 사탄은 아무 때나 불쑥 나타나 "너, 죽어!"라고 말을 던진다. 그런데 사람들이 그 낚시 바늘을 물고 죽어 버린다. 우리는 "고작 이게 전부냐?" 하고 제임스처럼 주님의 손을 더욱 더 '꽉' 붙잡아야 한다.

완벽하신 예수님이 우리를 붙잡고 계시기 때문에, 우리는 구원에서 떨어지지 않는다. 주님은 실수하지 않으시고 우리의 손을 놓치지 않으신다. "그는 넘어지나 아주 엎드러지지 아니함은 여호와께서 그의 손으로 붙드심이로다"(시편 37:24).

다음은 로라가 작사, 작곡한 '그 손이 나를 붙잡네'의 가사다.


그 손이 나를 붙잡네 내가 걸어갈 때도

그 손이 나를 붙잡네 내가 눈부실 때도

그 손이 나를 붙잡네 내가 기도할 때도

그 손이 나를 붙잡네 내가 눈물질 때도


(후렴)

내가 쓰러지고 넘어졌을 때

그 속에 하나님의 임재 있음을 느끼고

목 놓아 부르짖어 기도할 때

그 손이 나를 붙잡네

일어나라 어여쁜 나의 자녀야


그 손이 나를 붙잡네 내가 웃음질 때도

그 손이 나를 붙잡네 내가 기뻐할 때도

그 손이 나를 붙잡네 내가 절망할 때도

그 손이 나를 붙잡네 내가 아파할 때도

많이 힘드셨죠?

(후렴)

내가 쓰러지고 넘어졌을 때

그 속에 하나님의 임재 있음을 느끼고

목 놓아 부르짖어 기도할 때

그 손이 나를 붙잡네

일어나라 어여쁜 나의 자녀야

이제 로라는 주 안에서 자유로움을 만끽하며, 전도로 사람을 살리느라 열심히 뛰어다니고 있다.

몇 주 전에 차에서 그녀가 지은 찬양을 들었는데, 아주 많이 울었다. 그 찬양을 듣는데 이런 생각이 들었다.

'내가 어떻게 그 길고 긴 터널들을 다 벗어날 수 있었을까!'

차가 지나가면서 아파트들이 한 무더기씩 스치고 지나갔다. 또 고가도로 저편의 높은 빌딩들도 한 무더기씩 빠르게 지나갔다. 예수님은 나의 고통의 시간들도, 그것들처럼 '한 무더기'가 되어 모두 지나가게 하셨다. 하나하나가 다 아프니까, 하나님은 무더기로 지나가게 하셨고, 잊게 하셨다.

혹시 로라처럼 큰 트라우마가 있는가? 그래서 매일같이 "너, 죽어!"라는 사탄의 음성을 듣는가? 그렇다면 당신을 사랑하시는 주님의 음성에 귀를 기울이라.

32

"죽지 말고 살아남으라!"

당신이 보지 못해서 그렇지, 지금도 주님은 당신의 손을 강하게 붙잡고 계신다. 잠시 후면 고통도 끝나고 다 괜찮아진다. 하나님 자녀의 몸은 옥체다. 감히 당신의 옥체에 손을 대지 마시라!

나의 사랑하는 자가 내게 말하여 이르기를 나의 사랑, 내 어여쁜 자야 일어나서 함께 가자 겨울도 지나고 비도 그쳤고 지면에는 꽃이 피고 새가 노래할 때가 이르렀는데 비둘기의 소리가 우리 땅에 들리는구나 무화과나무에는 푸른 열매가 익었고 포도나무는 꽃을 피워 향기를 토하는구나 나의 사랑, 나의 어여쁜 자야 일어나서 함께 가자  /아가 2:10-13

## 오늘의 위로엽서

1. 아무리 힘들어도 자살하지 마세요.
   금방 다시 일어납니다.
2. 예수님이 지금 당신을 붙잡고 계시니,
   아무 걱정하지 마세요.

'그 손이 나를 붙잡네'
곡을 들어보세요.

많이 힘드셨죠?

# 은혜가 먼저다

대만에 도착해서 가방을 숙소에 놓고, 길 건너편에 있던 꽃박람회에 갔다. 집회는 다음날부터라 여유가 있었다. 나는 혼자서 벤치에 앉았다. 왜냐하면 공원에 도착하기 전부터 마음에서 기도와 찬송이 올라와 조용한 나만의 장소가 필요했기 때문이다.

"박람회 티켓은 어디서 사는 거지?"라고 청년들에게 말하면서도 눈물이 떨어지려고 했다. 함께 갔던 두 청년을 꽃박람회에 보내고 나는 허리를 구부리고 두 손을 위로 향한 채, 주님을 찬송하기 시작했다. 참았던 눈물이 목으로 가슴으로 비 오듯 흘러내렸다. 어느새 나는 큰 소리로 흐느끼며 찬송을 불렀다.

"나 같은 죄인 살리신 주 은혜 놀라워. 잃었던 생명 찾았고 광명을 얻었네."

몇 시간을 찬송하다 울고, 기도하다 울었다. 바람이 너무 세차게 불어 목에 두른 스카프가 공중으로 날아갔다. 당황스러웠다. 눈을 뜨고 사방을 보니, 대만 사람들 여럿이 나를 둘러싼 채 구경을 하고 있었다. 대만 아줌마들이 눈물 콧물로 범벅이 된 나의 얼굴을 보고 끌어안으며 뭐라고 말을 해 주었다. '오죽하면 공원에 여자가 혼자 와서, 저렇게 몸부림을 치며 울까' 하고 불쌍해서 안아 준 것 같았다.

마침 두 청년이 돌아와서 그 부인들을 돌려보냈다. 나는 그곳에서 좀 더 주님과 시간을 보낼 수 있었다. 그날 밤 어떤 꿈을 꾸었다. 학교 강당 같은 곳에서 우리 교인들이 예배를 드리는데, 창문들이 다 열려 있고 세찬 바람이 우리가 있는 곳으로 들어왔다. 오후에 공원에서 기도할 때처럼 세차게 바람이 불었다.

놀랍게도 그 일이 있고 나서 우리 교회가 건국대학교의 새천년 강당으로 들어가게 되었고, 그곳에서 큰 부흥이 일어났다. 인간의 머리로는 이해할 수 없는 일이었다.

나의 평생 목회 중에 어떤 중요한 역사가 있을 때, 이런 일들이 자주 반복되었다. 이렇게 강권하시는 찬송을 부르게 하셨다.

물론 인간의 의지로 찬송을 할 수는 있지만, 나의 의지와 상관없이 부르게 되는 찬송과 기도가 있다. 손바닥도 마주쳐야 소리가 나듯 신앙은 내 의지와 노력으로만 되지 않는다. 하나님이 개입하셔야 한다. 그런 은혜 없이 신앙생활을 하면 한없이 갈증이 난다. 나의 의와 지식에 갇히기 십상이다. 가인처럼 되거나 탕자의 형처럼 집 밖에서 뱅뱅 돈다. 탕자의 형은 동생이 회개하고 돌아온 것은 관심이 없었다. 종교가 내 안에 갇힌 연민이요, 발버둥이다.

은혜가 아니면 쥐꼬리만한 자기 지식이나 경험이라는 미로에 갇혀서 머리 위를 보지 못한다. 그래서 우리는 날마다 내 위에 계신 주님을 바라보고 겸손히 은혜를 구해야 한다.

은혜가 먼저다

최근 인도의 공항에서 있었던 일이다. 어떤 청년이 티케팅하는 라인 밖에서 울고 있었다. 형제는 누군가와 통화를 하고 있었는데, 연신 흘러내리는 눈물을 닦아 내렸다. 나는 남편에게 가방을 맡기고, 티케팅 라인 밖으로 나갔다. 나는 예수님을 전했고, 그는 함께 영접기도를 했다. 그러고 나서 다시 돌아와 티케팅을 마치고 가방 검사를 했다. 여성이라서 그런지, 커튼이 쳐 있는 컴컴한 밀실로 데리고 갔다. 무뚝뚝한 여성 직원이 넓적하게 생긴 도구로 내 몸을 조사했다.

나는 전도하기 좋은 이 밀실에서 어떻게 말을 걸어야 할까 하다가, 그녀의 명찰에 있는 이름을 큰 소리로 읽었다. 그때 이상한 일이 일어났다. 그녀가 "당신 얼굴에서 빛이 나는데 그것을 알고 있나요?"라고 말했다. "화장품 때문이에요"라고 말하려다가, 나는 이렇게 말을 돌렸다. "그리스도는 빛이십니다. 내가 빛이 난다면 그분 때문입니다. 예수 그리스도는 나의 모든 것을 변화시키셨어요. 당신도 예수님을 믿으면 미래가 바뀔 수 있어요. He can change your future!"

놀랍게도 그녀는 그 짧은 시간에 예수님을 영접했다.

밀실을 나와 밖에서 기다리는데, 어떤 백인 신사가 스크린을 통과한 자신의 소지품을 챙기고 있었다. 그는 무척 바쁘고 산만해 보였다. 목에 두른 머플러 한쪽이 길게 내려와 있고, 머플러는 금세라도 떨어질 것같이 보였다. 나는 백인 신사에게 바쁘냐고 물었고, 그는 5분 안에 비행기를 타야 한다고 말했다. 나는 그에게 다가가 머플러의 길이를 맞추고 매만져 주면서, 이렇게 말했다.

"비행기를 놓칠까 봐 걱정하지 마세요. 예수님은 당신의 일에 관심을 가지고 계시고, 당신을 아주 많이 사랑하세요!"

그 순간 그의 눈에 눈물이 고이더니 잠시 동안 자신이 비행기를 타야 한다는 것을 잊어버린 것처럼 보였다. 그렇게 서 있다가 정신을 차린 듯 감사하다고 말하고는 게이트로 성큼성큼 뛰어갔다.

지금 내가 나눈 이 일들은 길어야 삼십 분 안에 일어난 것들이다. 내가 말하고 싶은 것은, 성령님께서 개입하지 않으셨다면 절대 맺을 수 없는 열매들이라는 것이다.

하나님께서 은혜를 부어주시지 않으면, 전도는 내 노력으로 되는 것이 아니다.

은혜가 먼저다.

한번은 연극배우들을 전도하러 갔는데, 마지막 공연 후 술을 먹으러 간다고 했다. 내가 술을 사겠다고 하니, 그들이 놀라서 그래도 되느냐고 오히려 걱정을 했다. 나는 문제될 것이 없다고 말했다. 이런 일은 대학에서 총학생회 학생들을 전도할 때도 해봐서, 크게 걱정할 것이 아니었다. 나는 그들이 원

많이 힘드셨죠?

하는 것들을 주문했다. 소주 한 병이 다 비어 갈 때, 내가 노래 하나 불러도 되겠냐고 물었다. 그러자 그들이 모두 박수를 치며 좋다고 했다.

나는 숟가락을 빈 소주병에 꽂고 마이크 삼아서 '어메이징 그레이스', 즉 '나 같은 죄인 살리신'을 불렀다. 내가 이 찬송을 부를 때, 이 곡을 모르는 사람은 하나도 없어 보였다. 모두 귀를 기울여 찬송을 들었으며, 그중 몇 사람이 흐느껴 울기 시작했다. 내가 기도를 빙자해서 예수님의 십자가를 전했을 때 그들 중 절반 이상이 예수님을 영접했다.

이것은 앞에서 고백한 대로 은혜의 개입이 아니면 불가능한 일이다.

> 너희는 그 은혜에 의하여 믿음으로 말미암아 구원을 받았으니 이것은 너희에게서 난 것이 아니요 하나님의 선물이라 /에베소서 2:8

이 곡 자체도 아름답지만, 이 가사를 쓴 노예선장 존 뉴턴의 고백은 더 위대하다.

은혜가 먼저다

존 뉴턴은 구원을 받은 후에도 죄의 심각성을 알지 못했다. 그리고 같은 패턴의 죄에서 벗어나지 못했다. 그리고 자신의 결심으로 좀 더 나은 신앙생활을 하려고 했다. 그는 시간이 흐른 후 그 당시 자신의 신앙에 대해, 진정한 의미에서의 신자가 아니었다고 고백했다. 그 곁에서 아무도 신앙생활을 지도해 주는 사람이 없어서, 노예선장으로 세 번이나 바다에 나가기도 했다.

그런 그가 휫필드라는 위대한 주의 종을 만나, 은혜 없이는 신앙생활 자체가 불가능한 것임을 깨달았다. 후에 그는 자신의 연약함을 깨달아 은혜 아래서 살기를 원했고, 그 복음을 많은 사람에게 전파했다. 윌리엄 윌버포스 같은 위대한 정치인의 멘토가 되어 영국의 노예제도를 폐지시키기도 했다. 그리고 윌버포스는 미국의 링컨에게 큰 정신적 지주가 되었다. 존 뉴턴은 평생 복음전파자요 목사로 살다가 82세에 죽었다. 그는 죽기 전에 이렇게 감사했다.

"나는 은혜로우신 하나님과 구주께 내 영혼을 의탁한다. 내가 배도자요 신성모독자요 불신자였을 때 그는 내게 긍휼을 베푸셨다. 그

많이 힘드셨죠?

리고 나를 살리셨으며 보호하셨다. 하나님은 나의 완악함으로 아프리카의 해변에서 처참한 상태로 쓰러져 있을 때 나를 구원하셨다. 지극히 무가치한 나를 선택하셔서 복음을 전파하는 자로 세우시고 그의 영광스러운 일을 하게 하셨다." (출처: 크리스천 리뷰 '복음의 불꽃이 되어-어메이징 그레이스')

지금 회고해 보니 나는 주일예배 때마다 17년간 거의 한 번도 빼지 않고 이 찬송을 불렀다. 개인 전도할 때도 이 찬송을 불렀다. 사람들이 이 찬송이 그렇게 좋으냐고 물으면 나는 이렇게 말했다.

"내가 구원받은 것이 기적이니까.
그것이 은혜니까."

아마 내가 죽을 때까지 이 찬송을 계속 부를 것 같다. 평상시 의역된 한국어 찬송만 불러 보았다면, 한번 원곡 그대로 읽어 보아도 좋을 것 같다.

Amazing grace how sweet the sound

놀라운 은혜 얼마나 달콤한지

That saved a wretch like me

나 같은 죄인을 구하여 낸 음성 아닌가

I once was lost, but now I'm found

나는 한때 길을 잃었지만 이제는 찾았고

Was blind, but now I see

한때 눈이 멀었지만 이젠 볼 수 있게 되었다


T'was grace that taught my heart to fear

그 은혜는 나의 마음이 하나님을 두려워할 줄 알도록 가르쳤으며

And grace my fears relieved

또한 그 은혜는 나의 모든 두려움들을 사라지게 했다

How precious did that grace appear

그 은혜가 내 눈에 얼마나 귀한가

The hour I first believed

내가 처음 믿은 그때에

많이 힘드셨죠?

Through many dangers, toils and snares

수많은 위험과 역경, 그리고 유혹을

I have already come

내가 이미 거쳐 왔다

T'was grace has brought me safe thus far

그 은총이 나를 안전하게 여기까지 이끄셨고

And grace will lead me home

나를 집으로 인도할 것이다


The Lord has promised good to me

주는 나에게 선하심을 약속하셨고

His word my hope secures

그분의 말씀에 나의 소망도 안전하다

He will my shield and portion be,

주는 나의 방패이자 나의 유산이다

As long as life endures

내 인생이 다할 때까지

은혜가 먼저다

Yes, when this flesh and heart shall fail

그렇다, 언젠가 나의 육체와 심장이 멈추고

And mortal life shall cease

유한한 삶이 끝이 날 때

I shall possess, within the veil

나는 소유하게 될 것이다. 장막(천국)에 있는

A life of joy and peace

기쁨과 평화의 삶을


The earth shall soon dissolve like snow

이 땅은 곧 눈처럼 녹을 것이며

The sun forbear to shine

태양도 더 이상 빛이 비추지 않을 것이다

But God, who called me here below

하지만 이 낮은 곳에 있던 나를 불러내신 주님은

Will be forever mine

영원히 나의 주님이 되실 것이다

많이 힘드셨죠?

When we've been there ten thousand years

우리가 그곳에서 영원히

Bright shining as the sun

태양처럼 밝게 빛날 것이며

We've no less days to sing God's praise

우리는 주님을 영원히 찬양할 것이다

Than when we first begun.

처음 우리가 찬양했을 때처럼

'어메이징 그레이스'
곡을 들어보세요.

### 오늘의 위로엽서

1. 하나님의 은혜로 죄 용서함을 받았습니다.
2. 오늘도 하나님의 은혜가 어떻게 당신을
   인도하시는지 느껴 보세요.

은혜가 먼저다

# 안에서 밖을 만들라

작은오빠는 학교에 적응하지 못하여 정학, 퇴학을 반복했고 나중에는 받아 주는 학교가 없어 전학 가는 것도 쉽지 않았다. 그래도 여전히 사고를 치더니 한번은 파출소에서 전화가 왔다. 그날 아버지가 술을 드시고 오셔서는 이렇게 말씀하셨다. "참 대범하다. 아무나 남의 자전거를 집어타고 달리겠나? 우리 같은 사람은 생각도 못할 일이다. 크게 될 놈이다!"

나는 상식적이지 않은 아버지라고 생각했지만, 그런 아버지 덕분에 오빠는 적어도 전과자가 되지는 않았다. 오빠는 나중에 유치원 봉고차 운전을 했고, 지금은 그보다 나은 환경에서 성실하게 일하고 있다.

나는 오빠를 생각하면 예수님이 말씀하신 탕자의 비유가 떠오른다(누가복음 15:11-24).

두 아들을 둔 아버지가 살고 있었다. 어느 날 둘째아들은 아버지의 재산을 미리 달라 하여 먼 길을 떠났다. 그러나 이 아들은 쉽게 얻은 돈이라 창기에게 물 쓰듯 낭비하다 거지가 되었다.

도무지 살길이 없어진 아들은 아버지 집으로 돌아갈 결심을 했다. 아들은 다시 만난 아버지에게 '하늘과 아버지께 큰 죄를 지었다'며 '품꾼으로 써달라'고 했지만, 아버지는 아들의 말을 들은 척도 하지 않았다. 오히려 좋은 옷을 입혀 주고, 손가락에는 가락지를 끼워 주고, 살진 송아지를 잡아 큰 잔치를 열어 주었다.

여기까지가 성경에 쓰여 있는 이야기다. 누구나 알아들을 수 있도록 예수님이 비유로 말씀하셨다. 그런데 예수님이 정

안에서 밖을 만들라

말 전하고 싶은 것이 무엇이었을까? 하나님 아버지의 성품이다. 우리가 이 비유에서 집중해야 할 사람은 아들이 아니라 아버지다. 아버지는 아들이 자책하는 말에 조금도 관심이 없으셨다. 품꾼으로 써 달라는 아들의 말에 전혀 신경 쓰지 않으셨다. 그냥 기뻐서 춤추셨고 돌아온 아들을 축복해 주셨다. 이것이 하나님 아버지의 진짜 마음이다. 우리가 믿는 하나님 아버지는 끝까지 희망이시다.

우리는 가끔씩 구원에 대해 오해할 때가 있다. 구원은 둘째 아들처럼 품꾼 운운하며 자기를 비하한다고 받는 것이 아니다. 그것은 마귀의 종노릇하면서 얻은 습관이고 죄에서 나온 비루한 행동이다. 구원은 그렇게 받을 수 있는 것이 아니다. 그것 가지고는 어림도 없다. 구원은 하나님이 시작하신다. 우리가 할 일은 하나밖에 없다. 진심으로 돌아가면 된다. 탕자가 집을 떠날 때처럼 머리 굴리고 딴 생각하지 말고 그냥 아버지께 돌아가면 된다. 나머지는 아버지가 다 채워 주신다.

예수님의 십자가가 그런 것이다. 돌아오기를 원하시는 아

50

많이 힘드셨죠?

버지의 마음이다.

십자가를 보면 아프게 기다리시는 탕자의 아버지가 보인다. 우리도 아버지께 돌아갈 생각을 해야 한다.

십자가를 보면 세 가지 'No'가 떠오른다.

No Punishment(형벌 없음)
No Condemnation(정죄 없음)
No Curse(저주 없음)

이것이 우리를 위해 예수님이 십자가를 지신 이유이다. 예수님은 자신의 몸으로 형벌과 저주와 정죄를 제거하셨다. 우리가 죄 사함과 구원을 받는 길은 오직 예수님이 돌아가신 십자가뿐이다.

그러므로 형제들아 우리가 예수의 피를 힘입어 성소에 들어갈 담력을 얻었나니 그 길은 우리를 위하여 휘장 가운데로 열어 놓으신 새로운 살 길이요 휘장은 곧 그의 육체니라 / 히브리서 10:19-20

몇 년 전 SK 본사와 계열 회사들의 크리스천들을 위한 성탄 축하 예배에 강사로 간 적이 있다. 그때 거기서 한창 TV 광고로 뜨고 있던 SK 하이닉스 광고 이야기가 나왔다. '안에서 밖을 만든다'가 카피였다.

"안에서 답을 찾았는데 밖에서 문제를 못 풀 리 없고, 안이 단단하다면 밖이 흔들릴 리 없고, 안이 새로워졌는데 밖이 그대로일 리 없다."

"세상의 모든 새로움은 안으로부터 시작된다."

많이 힘드셨죠?

지금 이 광고는 몇 년간 계속 업그레이드되어 많은 버전이 나와 있다. 안이 만들어졌으니까 이제는 '밖'에도 가고, '다른 나라'도 가고, 심지어 '우주'도 갈 수 있다고 말한다. 광고를 보면서 가슴이 뛴 것은 이번이 처음이다.

짧은 시간에 인터넷 동영상 조회수가 3천만 뷰를 넘었다는 것은 그만큼 사람들이 안으로부터의 변화를 강력히 원한다는 것이 아니겠나 싶다. 밖에서 안을 만드는 것이 세상의 일이라면, 기독교인은 안에서 밖을 만든다. 사람들은 이제 밖을 만드는 것이 지루하다. 현대인들은 그보다 더 무한하고 영원한 것을 원한다. 반도체칩도 작아지고 더 작아져서 아예 눈에 보이지 않는 것들을 원할 수 있다.

그런데 우리가 꼭 깨달아야 할 것이 있다. 우리의 영혼은 노트북이나 스마트폰 인공지능에 있는 반도체칩 정도가 아니라는 사실이다. 하나님은 당신의 형상으로 우리를 만드셨고, 안에서 밖을 만드는 시작은 하나님이 하셨다. 진정 안에서 밖을 변화시키는 막대한 힘이 하나님께 있다.

안에서 밖을 만들라

혹시 사는 게 너무 힘든가? 어쩌면 당신의 안을 점검해 볼 좋은 기회가 될 수 있다. 하나님을 통해 당신을 바꾸어 보라. 우주가 아니라 그보다 더 큰 천국도 갈 수 있다.

## 오늘의 위로엽서

1. 하나님 아버지는 우리에게 복을 주십니다.
2. 하나님 아버지는 안과 밖을 바꿀 수 있는 능력이 있으십니다. 오늘도 그 하나님을 신뢰하세요.

많이 힘드셨죠?

## 완전 좋아

자녀들이 우리 대안학교를 다니는 한 학부모를 만나게 되었다. 그녀는 해외선교사였지만, 마음에 지독한 병을 앓고 있었다. 하나님의 사랑을 사람들에게 가르쳐 왔지만, 자신은 그 사랑을 느낄 수가 없었다. 그녀가 제일 부러운 사람이 주님 사랑 때문에 감사해서 우는 사람이었다. 그러기를 십 년이 되었다.

대화를 해보니 그녀의 열심은 내가 따라갈 수 없을 만큼 대단했다. 성경 읽기도 금식도 챔피언 급이었다. 그런데 내가 "하나님이 선교사님을 사랑하십니다"라고 말을 하면 눈이 돌아가고 비명을 질렀다. "하나님이 날 사랑한다고? 웃기는 소리… 웃기는 소리 하지 마!"

평상시는 멀쩡한데 기도를 하는 시간에 그런 특이한 모습을 보였다.

그녀의 아버지는 장로였는데, 집에서 늘 자녀들을 정죄하고 때렸다. 어린 자녀들은 아버지를 무서워했다. 미쳐 가는 언니를 본 그녀는 아버지에게 인정받으려고 보기에 착하고 신앙 좋은 모든 행동을 했다. 그리고 커서 신학대학도 갔고 선교사가 되었다.

그런데 점점 시간이 갈수록 정죄가 더해지며, 자신을 학대하는 행동이 나타나기 시작했다. 옷을 홀러덩 벗어 버리려고 하기도 하고, 머리카락을 뽑는 시늉도 하고, 자기 자신이 원치 않는 비인격적인 행동까지 했다.

좋은 남편과 자녀들에 부족한 것이 없는데 그녀 마음에는 두려움이 가득했다. 기도를 해도 그녀는 온통 실수에 대한 두려움에 사로잡혀 있었다.

"잘못했어요. 하나님! 죄송해요. 하나님! 저는 이것밖에 안

많이 힘드셨죠?

돼요. 주님, 저는 너무 아니에요. 저는 제대로 하는 것이 없어요. 저는 선교사 자격이 없어요."

나는 그런 모습에 화가 나서 이렇게 말을 했다.

"선교사님께서 주님을 사랑하지 않았다면 선교를 떠날 수 있었겠습니까? 그 고생길, 그 머나먼 길을 어떻게 가실 수 있었겠냐구요! 그동안 주님을 위해 하셨던 일들을 인정하시고 스스로 칭찬 좀 해보세요."

하지만 그녀는 그게 잘 되지 않았다. 나와 상담을 했어도 달라지지 않았다.

그녀는 자신이 귀신들렸다고 스스럼없이 말했다. 그런데 그것은 사실이 아니었다. 그녀는 귀신들린 것처럼 행동했지만 그렇지 않았다. 그것은 수년간 여기저기서 들었던 축사의 말들을 믿어 나타난, 자기암시적 행동이었다.

나는 그녀가 정직하다는 사실을 발견했다. 무엇보다 말씀을 붙들었고, 하나님을 사랑하고 있었다. 신앙은 감정이 아니라 의지이다.

그녀의 진짜 문제는 이것이었다. 주의 일을 하면서, '내가 한다'는 사고방식이었다. 그래서 스스로 정죄를 하며, 부족함을 호소하는 것이었다. 그녀는 자신의 생각과 태도를 바꿔야 했다. 나는 그녀에게 이렇게 말했다.

"주님이 아니면 할 수 없는 것이 하나님의 일입니다. 선교사님이 어떻게 주의 종이 되셨을까요? 주님이 선교사님과 함께 하시기 때문이지요. 당신은 주님 때문에 선교를 잘하고 계신 것입니다. 지금부터는 선교사님이 주 안에서 할 수 있었던 아주 작은 일이라도 하나님이 함께하시기에 가능했다는 것을 인정하시기 바랍니다. 당신은 선교사가 아닌 하나님의 자녀, 그 자체만으로도 충분히 특별하고 아름다우십니다."

이렇게 말해 주었을 때 조금씩 '하나님께서 그녀와 함께하심'을 받아들이기 시작했다. 그것을 인정하자 비로소 자신의 존재감을 느끼기 시작했고, 자신을 받아들였다. 그리고 다음 날 주일 아침, 탕자의 비유 말씀을 통해 온전한 치유가 일어났다. 그리고 하나님 아버지의 사랑에 감사하며 평평 눈물을 쏟았다. 그녀의 소원이 10년 만에 이루어진 날이었다.

많이 힘드셨죠?

그녀의 눈빛은 살아났고 빛나기 시작했다. 그녀는 하나님 아버지와 육신의 아버지에 대한 혼란스러움에서 벗어났다. 그리고 거짓 두려움, 곧 실수하고 잘못하면 버리는 '변덕스럽고 무서운 하나님'의 이미지에서 빠져나왔다.

사도 바울이 왜 성경에서 '주 안에서'를 170번 이상 강조했겠는가? 그가 저지른 과거의 죄와 율법으로 인한 두려움 때문이 아니었겠는가.

우리가 가진 두려움을 제거할 수 있는 것은
오직 예수 안에서 안전하게 복음을 누릴 때뿐이다.

목회자나 장로의 자녀들 중에 의외로 이런 두려움을 가진 젊은이들이 많다. 그녀처럼 심각하지 않을지라도 그들이 가지고 있는 거짓 두려움이 건강한 신앙생활을 얼마나 훼방하

완전 좋아

는지 모른다. 예수님이 말씀하신 탕자의 비유를 성경에서 바로 읽어 보기 바란다. 하나님 아버지의 사랑을 제대로 알면 우리의 입에서 이런 말이 나가지 않을 수 없다. "완전 좋아!"

## 오늘의 위로엽서

1. 하나님 아버지는 육신의 아버지보다 훨씬 좋은 분이십니다.
2. 하나님 아버지는 절대로 우리를 포기하지 않으십니다.

많이 힘드셨죠?

# 마음을 디자인하라

　　　　　　창세기 4장에 보면, 아담
의 아들 가인과 아벨이 하나님께 제사를 드렸다. 그런데 하나
님은 동생 아벨의 제사만 받으셨다. 성경엔 가인과 가인의 예
물을 받지 않으셨다고 적혀 있다. "가인과 그의 제물은 받지
아니하신지라 가인이 몹시 분하여 안색이 변하니"(창세기 4:5).
　"가인과"라는 말은 제물의 내용이라기보다 드리는 자의 태
도가 잘못되었다는 뜻이다. 제사는 이 한 번으로 끝난 것이
아니니까 회개하고 '다음에 잘 하겠습니다' 하면 되는 것이
었다. 또한 하나님은 인격적인 분이시기에 제사를 받으실 수
도 있고, 받지 않으실 수도 있다. 그런데 가인은 화가 단단히
났다. 화는 그 자체가 저주다.

하나님은 가인의 머리부터 발끝까지 모르시는 것이 하나도 없다. 그래서 가인에게 회개할 기회를 주셨는데, 그는 받아들이지 않았다(창세기 4:7).

그는 동생을 죽였고, 에덴의 동쪽 놋 땅으로 가버렸다. 놋은 '방황의 땅'이라는 뜻이다. 하나님의 마음이 어떠셨을까?

하나님은 아벨을 사랑하셨지만 가인도 똑같이 사랑하셨다. 가인은 그것을 보지 못했다. 그래서 하나님을 미워했고 죽이고 싶었는데, 그럴 힘이 없으니 동생을 죽여 버렸다. 갈 데까지 가버렸고 꼬일 대로 꼬여 버린 아담네 가정이었다.

그런데 하나님을 떠나 방황하며 사는 가인의 모습이나 우리나 크게 다르지 않다. 우리도 거듭나기 전엔 가인의 후예였다. 우리의 삶을 돌아보라. 그 자체가 하나님에 대한 반역의 역사가 아닌가.

여호와께서 가인에게 이르시되 네가 분하여 함은 어찌 됨이며 안색이 변함은 어찌 됨이냐 네가 선을 행하면 어찌 낮을 들지 못하겠

많이 힘드셨죠?

느냐 선을 행하지 아니하면 죄가 문에 엎드려 있느니라 죄가 너를
원하나 너는 죄를 다스릴지니라 / 창세기 4:6-7

나는 이 말씀을 묵상하면서 나의 마음을 적극적으로 디자
인해야겠다고 생각했다. 옷을 재단할 때 밑그림이 중요하듯
이 말이다. 마음을 물처럼 흘러가는 대로 두지 말고, 말씀으
로 다스리고 디자인하며 살아야 한다. 밑그림이 잘못되면 옷
전체가 망가지듯 마음도 똑같다. 마음의 밑그림을 잘 디자인
해야 행복하게 살 수 있다.

사람은 영과 육으로 구성되어 있고, 영은 죽으면 천국으로
간다. 마음은 육에 속한 것으로서, 끌려다니면 안 되고 조절
해야 한다. 마치 위나 간과 같이 몸 안에 있지만 '보이지 않는
장기'와 같다. 우리가 몸의 건강을 위해 보호하고 관리해야
하는 것처럼, 마음의 건강을 위해서도 잘 관리를 해주어야 한
다. 사실 건강이나 인간관계, 성공과 실패, 행복과 불행이 다
마음에서 나오기 때문이다.

자, 그러면 성경을 근거로 마음을 어떻게 디자인해야 할지

살펴보자. 특별히 "선을 행하지 아니하면 죄가 문에 엎드려 있는니라 죄가 너를 원하나 너는 죄를 다스릴지니라"는 말씀에 집중해 보자.

첫째, 마음에는 중간지대가 없다.

우리는 적극적으로 선을 좇아야 한다. 하나님께서 선하시므로 우리도 선하게 살아야 하고, 하나님의 선을 좇아야 한다. 그래야 밤에도 두 발을 쭉 펴고 잘 수 있다.

혹시 누구를 미워하는 죄가 있나? '미워하지 말아야지'라고 하면 실패한다. 사람은 무엇을 하지 말아야겠다고 하면 더 하고 싶어진다. 오히려 '얼마나 힘들면 저럴까' 하고 미워하는 그에게 커피라도 한잔 대접해 보라. 그러면 내 마음이 편안해지고 상대도 변화된다. 성경에 써 있는 대로 하면 무조건 결과가 좋다.

잊지 말라! 마음 행복의 베이직은 선함이다. 어떤 어려움에도 마음에 악심을 품지 말고 선한 마음을 가지려고 노력하라. 하나님이 그런 사람을 사랑하신다. 주께서 그런 사람을 도와주신다. 마침내 마음에 안식이 온다.

둘째, 하나님께 순종하겠다는
기본적인 마음이 있어야 한다.

신앙은 태도다. 신명기 28장의 복들을 보라. '나가도 복, 들어와도 복'과 같은 출퇴근의 복부터, '때를 따라 내려 주시는 복'과 같이 하나님께서 헤아려 주시고 챙겨 주시는 복들이 그 안에 가득하다(신명기 28:1-14). 그것은 빌어서 얻는 세상 종교가 아니다. 그것은 빌어서 받는 기복 신앙도 아니다. 하나님의 말씀에 초점을 맞춘 수준 높은 신앙이다.

네가 네 하나님 여호와의 말씀을 삼가 듣고 내가 오늘 네게 명령하는 그의 모든 명령을 지켜 행하면 네 하나님 여호와께서 너를 세계 모든 민족 위에 뛰어나게 하실 것이라 /신명기 28:1

복에 초점을 맞추지 말고 말씀에 초점을 맞추면 복은 저절로 온다. 축복은 하나님의 뜻이니 마음도 복 받고 물질도 복 받으며 행복을 디자인하자!

셋째, "죄가 너를 원하나
너는 죄를 다스릴지니라"라고 하셨다.

우리가 죄를 다스리지 못하면 불행해진다. 그런데 기쁨의
소식이 성경에 쓰여 있다. 누구도 나의 힘으로 죄를 이기지
못하지만 염려할 필요가 없다. 성령의 권세를 통해 죄를 이길
수 있다. 우리는 예수님을 믿고 성령을 받아야 한다.

이렇게 죄의 문제를 해결하면 실질적으로 모든 문제가 끝
이 난다. 죄가 끝나는 곳에 평강이 있다.

> 이는 그리스도 예수 안에 있는 생명의 성령의 법이 죄와 사망의 법
> 에서 너를 해방하였음이라 /로마서 8:2

넷째, 마귀의 역사를 빼버리면
죄를 논할 수 없다.

가인의 어머니 하와가 옛 뱀 곧 마귀를 통해 죄를 짓고 하
나님을 배반했다. 성경은 사탄 마귀와 죄를 연결 짓고 있다.
그래서 성경은 죄를 짐승처럼 표현하고 있고 죄가 문 앞에
엎드려 있다고 말하는 것이다. 사람을 공격하기 위해서 살살

기어서 들어오는 뱀처럼 말이다. 예수님의 이름으로 마귀를 내쫓아 버려야 한다. 지금 당신을 구원하실 수 있는 예수님의 이름을 외쳐 보라! 당신을 괴롭히던 흑암이 떠나가고 선하신 능력이 마음에 들어온다. 걱정과 두려움이 사라지고 완벽한 평화를 느낄 수 있다. 우는 사자처럼 돌아다니며 당신을 불행하게 만드는 마귀를 대적하라! 눈에 보이지 않는 존재이신 하나님과 천사처럼, 사탄 마귀와 귀신은 실존이다. 그것을 알아야 속지 않고 당신의 행복을 지킬 수 있다.

> 근신하라 깨어라 너희 대적 마귀가 우는 사자같이 두루 다니며 삼
> 킬 자를 찾나니 너희는 믿음을 굳건하게 하여 그를 대적하라…
> /베드로전서 5:8-9

다섯째, 누구나 정체성이 불확실하면
문이 없는 집처럼 마음에도 무엇이나 드나들 수 있다.

정체성이 불확실한 사람의 마음은 주인 없는 집과 같다. 사람들이 주는 더러움과 상처의 말뿐 아니라 귀신들도 드나들 수 있다. 당신에게 큰 손실이 생긴다.

기본적으로 우리는 '하나님이 내 아버지이시고, 나는 그분의 자녀'라는 정체성을 갖고 있어야 한다. 아마도 가인은 원죄가 대물림된 1세대인 까닭에 하나님 자녀로서의 정체성이 혼란스러웠을 것이다.

어쨌든 가인처럼 자아의 정체성이 약한 사람은 작은 책망에도 속사람이 아우성을 친다. 정체성이 없어서 하루는 살고 싶었다, 내일은 죽고 싶었다 한다. 롤러코스터 탄 것처럼 살아간다. 이렇게 자신이 불안정하니, 인간관계도 안정적일 수가 없다. 정체성이 없으니 눈에 보이는 대로 몰두한다. 인간관계도 너무 집착하여 극단으로 몰고 가서 불행해진다. 두려움으로 사소한 것, 작은 것까지 붙들고 있어 영혼이 어둡다. 이렇게 만사가 미덥지 않으니 늘 마음도 불쾌하다. 그렇게 피곤하게 살다 도피적으로 쾌감에 중독되거나, 사람들을 피해서 숨어 버리고 싶어 한다. 사람들에게 거절이나 버림받을까 봐 전전긍긍하며 앞서 나가다가 일들을 그르치기도 한다.

이 모든 것들은 한마디로 '두려움'이다. 이것을 한방에 쓰러뜨릴 수 있는 방법은 하나님의 신실하심을 믿는 것이다. 다 내 힘으로 살아서 생기는 일들이다! 마귀가 나를 만만하게 보고 속여서 학대를 하는 것이다.

우리는 마귀의 노예로 끌려다니지 말고 하나님 자녀의 권세로 살아가야 한다. 아버지가 하나님이시기에 평안과 축복의 두 가지 특권을 누리고, 위엄 있게 행동해야 한다. 정체성은 신분증과 같다. 우리의 신분증은 보통 신분증이 아니다. 왕실의 신분증이다. 얼마나 위대하고 놀라운 신분인데, 도대체 뭐가 두려워서 벌벌 떤단 말인가! 하나님 외에 이 세상에 두려운 것이 무엇이 있단 말인가!

그러나 너희는 택하신 족속이요 왕 같은 제사장들이요 거룩한 나라요 그의 소유가 된 백성이니 이는 너희를 어두운 데서 불러내어 그의 기이한 빛에 들어가게 하신 이의 아름다운 덕을 선포하게 하려 하심이라 /베드로전서 2:9

여섯째, 어떤 경우에도 하나님의 완전하심을 절대적으로 믿어야 한다.

우리가 상처 받는 것은 우리의 불완전성 때문이다. 하나님의 완전하신 성품과 공의를 믿으면 억울함도 사라지고 분노도 다스리게 된다. 어떤 어려운 일을 만나도, "하나님께서 나를 사랑하셔서 더욱 잘되게 하려고 하시는 것"이라고 말한다. 나는 어떤 어려운 일을 만나면 이렇게 선포한다. "그래서 더 잘될 거야!" "주님이시죠?" 하고 감사를 드린다. 심지어 "완전 좋아!" 하고 아이처럼 박수도 친다. 남들이 보면 미친 짓이다. 믿음을 가지고 완전하신 주님을 바라보면 이렇게 미래완료적으로 선포하지 않을 수 없다. 양은 목자의 음성을 신뢰해야 한다.

> 나는 선한 목자라 나는 내 양을 알고 양도 나를 아는 것이 아버지께서 나를 아시고 내가 아버지를 아는 것 같으니 나는 양을 위하여 목숨을 버리노라 /요한복음 10:14-15

우리의 마음은 생명의 근원이다. 선한 목자께서 우리의 마음을 지켜 주신다(잠언 4:23).

언젠가 내가 아부다비에서 아프리카로 가는데 공항에 내리기 10분 전부터 휴대폰 문자가 '띵동' 하며 오기 시작했다.

둘러보니 다른 외국 사람들은 오지 않은 것 같은데 내 폰에만 문자가 끊임없이 들어왔다. 내용은 '말라리아를 조심해라. 황열병을 조심해라. 문제가 생기면 이곳으로 전화해라' 등이었다. 나는 그때 이런 생각이 들었다.

'한국을 떠나 오지에 있어도 조국은 나를 알고 있고 나를 지켜 주는구나.'

공중에서 펑펑 터지는 비상 문자처럼, 하나님도 우리를 안심시켜 주시는 말씀을 계속 보내 주신다. 우리의 마음이 성령의 와이파이에 접속되어 있으니 말씀이 자꾸 생각나는 것이다. 그러므로 우리는 아무것도 걱정할 필요가 없다. 평안은 스스로 지킬 수 있는 것이 아니다. 성령께서 우리의 평안을 지켜 주신다.

> 보혜사 곧 아버지께서 내 이름으로 보내실 성령 그가 너희에게 모든 것을 가르치고 내가 너희에게 말한 모든 것을 생각나게 하리라 평안을 너희에게 끼치노니 곧 나의 평안을 너희에게 주노라…
>
> / 요한복음 14:26-27

## 오늘의 위로엽서

1. 안심하세요. 하나님 아버지는 자녀인 당신을
   지키십니다.
2. 마음을 디자인하는 6가지 방법으로 오늘도
   승리하세요.

많이 힘드셨죠?

# 황혼에 행복이 찾아오다

　　　　　　　　　사우디아라비아에서 목회
할 때의 이야기다. 매일 서로가 정죄하고 부부 싸움을 하는
노부부가 있었다. 부부는 결혼생활만 근 사십 년을 했는데,
얼굴만 보면 사소한 일로 다투기 일쑤였다. 남편은 봉사하느
라 교회에서 살다시피 하는 아내가 못마땅했고, 아내는 술을
마시고 주정하는 남편이 못마땅했다.

　남편은 새로운 목사가 한국에서 왔다는 소문을 듣고 교회
에 구경 삼아 몇 번 나오기는 했지만, 크게 달라진 것이 없었
다. 그런데 어느 날 친구의 간곡한 부탁으로 새벽기도회에
한번 나왔다가 성령을 받았는데 사람이 완전히 달라졌다. 그

때부터 술이 저절로 끊어지고 부부 금실도 좋아지기 시작했다. 남편은 교회에서 열심히 신앙생활을 하고 봉사도 최선을 다했다. 우리 공동체가 사우디 종교경찰을 피해 다닐 때, 그 가정이 농장을 제공해 주어 여러 차례 그곳에서 주일예배도 드릴 수 있었다. 교회에 큰 위로가 되는 가정이었다.

어느 날 기도를 하는데 주님께서 두 사람을 위해 특별한 결혼식을 열어 주라는 감동을 주셨다.

나는 교회 성도들에게 이렇게 부탁했다. "두 분은 젊었을 때 결혼식을 치르지 못하고, 지금까지 자식을 키우느라 바쁘게 살아왔다고 하십니다. 이분들을 위해 주 안에서 치르는 특별한 결혼식을 마련해 드립시다."

온 교인들은 이 이야기를 듣고 어린아이같이 박수를 치며 좋아했다. 손재주가 좋은 권사님은 밤새도록 재봉틀을 돌려서 신부의 드레스를 만들어 주었다. 그리고 부인들은 야들야들한 천을 사다가 면사포도 만들고 신랑을 위해서 고급 나비넥타이도 준비해 놓았다.

교회 강대상 앞 자주색 커튼에도 반짝이들을 가득 붙였다. 다윗왕이 하나님 앞에서 춤을 추고 백성은 악기를 들고 노래하며 따라가는 모습이었다. 트레일러를 연결해서 만든 소박한 교회였지만, 별빛이 쏟아지는 하늘나라 동막골같이 아름다운 교회였다.

신랑, 신부가 입장할 때 교인들은 피리, 북, 트라이앵글 등 집에 있는 악기들을 동원해 불고 두드리고 노래를 불렀다. '세상에 이렇게 멋진 결혼식이 있을까' 생각했다. 그 노부부뿐만 아니라 거기 있던 모든 사람이 천국에 올라와 있는 것처럼 빛이 났다. 그때 참석한 젊은 부부들 중에 그 결혼식을 보고 부부관계가 회복된 가정들이 많이 있었다.

그날 신랑 할아버지는 눈물을 흘리며 모든 성도에게 감사를 했고, 이어서 간증을 했다.

"저는 하나님이 주신 선물인 아내를 귀한 줄 모르고 함부로 대했습니다. 예수님을 믿고 이 나이에야 그것을 깨달았습

니다. 지금은 세상에서 제일 예쁜 사람이 제 아내입니다. 교회를 다니면서 말씀을 배우니 가정이 얼마나 소중한지 알게 되었습니다. 제 아내 그리고 제 자식들을 사랑합니다. 그러나 저를 구원해 주신 예수님을 더 사랑합니다. 지금 저의 많은 것들이 바뀌고 있고 바꾸려고 합니다. 저를 위해 기도해 주십시오.”

> 믿지 아니하는 남편이 아내로 말미암아 거룩하게 되고 믿지 아니하는 아내가 남편으로 말미암아 거룩하게 되나니 그렇지 아니하면 너희 자녀도 깨끗하지 못하니라 그러나 이제 거룩하니라 /고린도전서 7:14

신부 할머니는 새롭게 태어난 남편과 사는 것이 이렇게 좋을 수 없다며 “천국이 따로 없어요” 하고 함박웃음을 지었다. 아기들이 꽃잎을 뿌려 놓은 비단 위를 사뿐사뿐 걸어서 퇴장하는 두 사람은 어떤 젊은 신랑 신부보다 아름다웠다.

그때부터 부부는 교회에서도 두 손을 꼭 잡고 다녔는데 너

황혼에 행복이 찾아오다

무 보기가 좋았다. 내가 "집사님, 손 좀 놓으시죠?" 하고 놀리면, 정말 사랑스러운 눈빛으로 할머니를 바라보며 말씀하신다.

"요즘 우리 부부가 신혼이에요. 지금까지 싸우면서 산 세월이 몇십 년인데, 남은 세월이라도 어디 가든 손을 꼬옥 잡고 다닐 겁니다. 세상에서 하나님보다 더 지혜로운 분이 없으십니다. 오죽 저에게 잘 맞는 사람을 주셨을까요? 그런데 제가 그것을 몰랐습니다. 하나님께서 사람 되라고 기도 많이 하는 아내를 선물로 보내 주셨는데, 이제야 그 귀함이 보이더라구요. 예수님을 알게 해준 거룩한 아내는 저의 축복입니다."

마음을 새롭게 디자인한 신랑 할아버지는 시간이 흐른 후 자녀를 따라 미국으로 떠났는데 그때 이렇게 말했다.

"이제는 나의 자녀들에게 좋은 아버지로서 살아가고 싶습니다."

하나님은 이 가정의 제사장 되는 아내의 기도에 신실하게 응답하셨다. 기도는 응답이다.

많이 힘드셨죠?

## 오늘의 위로엽서

1. 부부가 서로를 '하나님의 선물'로 보면 존귀하고도 아름답게 보입니다.

2. 지금은 부족해 보여도 믿음으로 서로를 존경하세요. 부부 관계에 변화가 일어납니다.

황혼에 행복이 찾아오다

# 새야 새야

　　　　　　　　　가족은 신기하다. 다시는
보지 않겠다고 말했어도, 시간이 가면 궁금해지고 보고 싶어
지는 것이 가족이다. 그렇게 그리워지고 이어지는 것을 보면
핏줄은 신비롭다.

　친정어머니는 치매를 앓고 계신다. 작년 명절에 집에 모시
고 와서 함께 식사를 하고, 나는 서재에서 책을 보고 있었다.
어머니는 아파트와 마주한 앞산을 보시며, 갑자기 노래를 부
르기 시작하셨다. 평상시 찬송가는 부르셔도 일반적인 노래
는 거의 부르시지 않는다. 그런데 이날은 '새야 새야'를 기분
좋게 부르고 계셨다.

"새야 새야 파랑새야, 녹두밭에 앉지 마라. 녹두 꽃이 떨어지면 청포 장수 울고 간다."

나는 구슬프게 들리는 노래 가사에 은근히 걱정이 되었다. 그래서 가만히 거실로 나가서 "어머니 뭐 하세요?" 하고 모르는 척 말을 붙였다.

"노래하고 있지. 내가 어렸을 때 우리 어머니하고 저런 산을 타면서 고사리 캐러 많이 다녔지. 어머니가 직접 지어 주신 연두색 저고리, 연분홍 치마를 입고, 엄마랑 손잡고 산을 올라갔어. 어머니는 산에 올라가시면, 마치 날아가는 것처럼 걸어 다니셨어. 그런데 네 얼굴이 외할머니하고 많이 닮았어. 우리 어머니가 좀 더 오래 사셨으면 좋았을 텐데."

이제 보니 어머니는 외할머니에 대한 그리움으로 '새야 새야'를 부르신 것이었다. 그것도 모르고 나는 쓸데없는 걱정을 했다.

나는 전에 한 번도 들어 본 적이 없는 외할머니에 대한 이야기에 솔직히 귀가 솔깃해졌다. 어머니께서 컨디션이 좋은 이날, 나는 어머니의 기억력에도 도움이 될 겸, 외할머니에 대해 이런저런 질문을 했다.

어머니는 외할머니가 서른여덟 살에 돌아가셨다고 했다.
"아니 왜요? 너무 젊을 때 돌아가셨어요. 어떻게 서른여덟
살에 돌아가셨나요?"
어머니는 외할머니께서 아기를 낳다가 돌아가셨다고 했
다. 그러면서 누구에게도 말씀한 적이 없는 마음에만 간직한
이야기를 나에게 들려주었다.

"너희 외할머니께서 급히 서울대학교 병원으로 이송되셨
지. 배가 아팠다 안 아팠다 하시다가 나중에는 통증이 점점
심해지니까 자꾸 나에게 집으로 돌아가라는 거야. 곁에 있겠
다고 해도 어머니가 극구 말리셔서 병실을 나와 복도를 돌아
가는데, 어머니의 비명소리가 들려 왔어. 돌아갈까 하다가 어
머니가 시키시는 대로 집으로 갔지. 그것이 어머니에 대한 마
지막 기억이야.
어머니는 돌아가셨고, 그 후 평생 내가 어머니의 마지막 가
시는 길을 지켜드리지 못한 것이 후회가 돼. 이제는 우리 어

많이 힘드셨죠?

머니께서 가신 길로 나도 가겠지? 나는 천국에 가서 어머니를 꼭 만날 거야."

팔십 노구의 기억, 치매가 많은 것들을 지워 버렸어도 당신의 어머니에 관한 것만큼은 끝까지 남겨 두었다.

'새야 새야'를 부르시던 날로부터 몇 주 전의 일이다. 아버지가 중환자실에 입원했는데, 어머니가 집에서 사라지셨다. 온 가족이 찾아다니고 걱정을 많이 했다. 어머니는 중환자실의 대기실에서 온종일 앉아 계셨다. 중환자실은 하루 두 번밖에 면회가 되지 않는데도 어머니는 극구 그 자리를 떠나지 않으셨다. 면회 시간에 맞춰서 오시면 된다고, 가서 쉬다 오셔도 된다고 해도 막무가내셨다. 아무리 설명을 해도 소용이 없었다.

"나는 여기 있어도 괜찮아. 나는 네 아버지 곁에 있어야만 해."

전에는 알지 못했던 어머니의 마음의 비밀을 알고 보니, 어머니께서 왜 그때 어린아이처럼 행동하셨는지 이해가 되었다. 그 긴 세월, 잊지 않고 간직해온 어머니 마음속의 상처가 내 마음으로 아프게 들어온다.

'더 이상 아파하지 않으셔도 돼요'라고 말하고 싶지만
그렇게 하지 않았다.
그냥 예수님께 기도했다.

사람은 배움으로 치료되는 것도 있지만 그렇지 않은 것도 있다. 바른 소리나 상담으로 되는 것이 아닐 때, 제일 좋은 것이 예수님께 드리는 '기도'다.

나의 어머니는 친정어머니에 대한 미안함을 돌아가실 때까지 가지고 가실 것 같다. 연세 많으신 부모님을 위해 바른 소리를 하기보다 기도해 드리자. 그러면 하나님께서 나를 불쌍히 여기시고 내가 할 수 없는 것을 도와주실 것이다. 기도가 큰 효도다.

많이 힘드셨죠?

네 부모를 공경하라, 네 이웃을 네 자신과 같이 사랑하라 하신 것이

니라 /마태복음 19:19

## 오늘의 위로엽서

1. 어떤 가족사에도 상처가 있습니다.
2. 아픔을 드러내는 사람이 되지 말고, 가정의
   치료자가 되세요.

# 윌리엄스 대 윌리엄

        2014년 초, 행사 건으로 미
국의 유명한 배우인 로빈 윌리엄스에게 연락을 한 적이 있다.
그의 매니저가 '미스터 윌리엄스는 드라마 녹화 중이라 갈 수
가 없다'는 답을 우리 스태프에게 보내 왔다. 그러고 나서 얼
마 지나지 않아 그가 자살을 했다. 그가 연기한 작품들의 주제
가 대부분 가족이나 교육과 같이 따뜻한 것들이어서 충격이
컸다.

  그가 죽은 이유가 우울증 때문이라고 했지만, 최근 그의 부
인이 밝힌 진짜 자살 원인은 치매였다. 치매는 사물과 사람들
의 이름, 마지막엔 자신이 누구인지조차 잊어버리는 무서운

병이다. 그는 치매로 겉사람만 붕괴되고 있었던 것이 아니라, 속사람마저 무너지고 있었다. 아마도 연기자로서 모든 게 끝났다고 생각한 것 같다. 그 당시 그는 절망을 이겨 낼 만한 에너지가 하나도 남아 있지 않았던 것이다.

샌드라 데이 오코노는 레이건 대통령 때 미국 최초로 여성 대법관이 된 사람이다. 그런데 2006년 돌연 종신직인 대법관을 그만두었다. 이유는 치매에 걸린 남편을 돌보기 위해서였다. 치매 환자인 남편은 아내를 기억하지 못했고, 다른 여성 치매 환자와 사랑에 빠졌다. 그는 누가 봐도 사춘기 소년처럼 행복해 보였다. 샌드라는 놀랍게도 그들과 함께 앉아서 놀아 주고 시간도 보냈다. 하지만 그녀는 "축복 받은 나의 삶에 대해 깊이 감사하는 태도는 바뀌지 않을 것이다"라고 말했다.

그녀는 자신의 정체성을 대법관이나 누군가의 아내로 규정하지 않았다. 오직 자신의 정체성을 '축복 받은 나의 삶'이라고 정의했고, 그 믿음을 따라 당당히 그리고 조용하게 행동으로 보여 주었다.

아침 빛같이 뚜렷하고 달같이 아름답고 해같이 맑고 깃발을 세운
군대같이 당당한 여자가 누구인가 /아가 6:10

과연 샌드라가 말한 '축복 받은 나의 삶'이란 무엇일까? 이 대답은 조금 있다 드리기로 하고, 우선 우리 교회에 나오던 청년 한 명을 소개하겠다.

한국에 와서 수년 전 난민 신청을 하고 우리 교회의 예배에 출석하던 윌리엄이라는 이집트 청년이 있었다. 크리스천이었던 그는 이집트에서 무슬림들에게 박해를 받으며 많은 구타를 당했다. 그의 온몸은 터지고 꿰맨 상처로 가득했다. 무슬림으로 개종하라는 협박에도 청년은 끝까지 '예수님은 나의 주님'이라고 고백했다. 그들은 틈만 나면 윌리엄을 칼로 찔렀고, 점점 그의 몸은 만신창이가 되어 갔다. 그래도 그는 자신의 삶은 '하나님의 사랑을 받은 축복 받은 삶'이라고 선포했고 한국에서도 늘 그렇게 말했다.

내가 그를 만났을 때 "네가 잘하는 것이 무엇이 있느냐?" 하고 물었다. 그는 피자를 만들 줄 안다고 했다. 나는 그에게

많이 힘드셨죠?

"우리 교회 교인들을 대상으로 로비에서 피자를 팔아 보아라" 하고 말했다. 우리는 그가 피자를 만들 수 있도록 기계를 마련해 주었고, 그는 열심히 피자를 만들었다. 그리고 우리 교회 성도들은 그를 위해 열심히 피자를 사 주었다.

하지만 그런 가운데 그의 지병인 심장병이 악화되었고 그는 당장 수술을 해야만 했다. 게다가 비자 문제, 재정적인 문제, 건강 문제 등 끝이 보이지 않는 문제들이 계속되었다. 하지만 윌리엄은 '하나님이 나의 아버지'라는 축복 받은 자신의 삶을 조금도 의심하지 않았다. 누가 뭐라고 해도 자신의 영광스러운 정체성에 대한 감사를 쉬지 않았다. 그리고 그는 말만 한 것이 아니라 진짜 그렇게 행동했다.

내 형제들아 만일 사람이 믿음이 있노라 하고 행함이 없으면 무슨 유익이 있으리요 그 믿음이 능히 자기를 구원하겠느냐 /야고보서 2:14

그가 이런 태도를 일관되게 유지했을 때, 시간이 오래지 않아 그의 믿음이 현실이 되기 시작했다. 네덜란드 정부가 그를 초청해 난민 신청을 받아 주었고, 네덜란드에서뿐 아니라 전

세계 미식가들이 찾아오는 최고급 식당에 취직되었다. 그리고 그곳에서 심장 수술도 받아 모든 문제들이 한꺼번에 해결되었다. 지금 윌리엄은 예수님 안에서 하나님 아버지의 축복을 받아 행복하고 평화로운 삶을 살아가고 있다.

나는 여기서 미국의 윌리엄스와 이집트의 윌리엄 두 사람의 생을 비교해 보려고 한다. 먼저 미국의 윌리엄스는 누가 봐도 부러울 것이 없는 축복 받은 삶을 살았다. 비록 노년의 초입에 치매가 시작되었지만 아직 크게 발병한 것도 아니었다. 그는 두려움이 오기 전에 두려움에 삼켜져 스스로 목숨을 끊어 버렸다. 그래서 우울증이 무서운 것이다.

우리가 살면서 꼭 기억해야 할 한 가지가 있다. 우리가 누리는 축복이 혼자의 노력으로 성취된 것들이 아니라는 사실이다. 기억을 하든 못 하든 많은 사람들이 도와주었고 함께해 주었기 때문이다. 로빈 윌리엄스도 타고난 끼와 연기력이 있었어도 누군가 그를 발견해 주고 키워 주었을 것이다. 무엇보다 그를 끊임없이 좋아해 주었던 얼굴도 이름도 모르는 팬들이 있었다.

누구라도 로빈 윌리엄스처럼 부자든 아니든, 인생이 '감사'가 아니면 결말은 불행하고 비참하다. 그러므로 인생의 의미는 '감사'에 있다. 감사가 최고의 가정 교육이요, 학교 교육이다. 무엇보다 그 중심에 하나님이 계시다는 것을 잊지 말아야 한다.

샌드라나 이집트의 윌리엄이나 자신의 삶을 '축복 받은 삶'이라고 정의한 것도 그런 의미에서 나온 것이다.

광산의 보물처럼 '어디에든 찾으면 있는 감사'를,
매일 한두 가지씩 당신 주변에서 찾아 보라.

그러면 그렇게 찾아도 숨바꼭질하며 나타나지 않았던 행복이 어느 날 매직처럼 자신의 얼굴을 당신에게 드러내기 시작할 것이다.

당신 또한 축복 받은 사람이다. 이미 축복 받은 것들이 많다. 당신은 어쩌면 이미 모든 것을 가지고 있는지 모른다. '축복 받은 나의 삶'이라고 선포하고 가까운 곳에서부터 감사를 찾아보자.

### 오늘의 위로엽서

1. 감사하는 삶은 당신과 당신 주변을 행복하게 만들어 줍니다.
2. 오늘부터 3주 동안 하루에 한 가지씩 감사를 찾아보세요.

많이 힘드셨죠?

#열 번째 이야기

# 에델바이스

대학을 마치고 샌프란시
스코에 있는 골든게이트 침례신학대학원으로 이사를 가야
했는데 이사차를 부를 돈이 없었다.

남편과 나는 집에 있는 대부분의 살림들을 정리하고 작은
차 뒷좌석에 이불과 옷, 몇 가지
살림 등을 실었다. 미국이라는
광활한 땅을 소형차로 일주일 동
안 이동하는데, 뜨거운 한여름에
엔진이 퍼지면 어쩌나 걱정이 됐
다. 무엇보다 기름 값조차 넉넉
하지 않아서 에어컨도 마음대로

틀 수 없었다. 갑자기 이런 현실이 짜증스러웠다. 집에 있을 때는 몰랐는데 막상 여행을 떠난다고 하니 온갖 종류의 걱정이 연기처럼 마음에서 피어올랐다.

걱정은 초청하지 않아도 제멋대로 우리 마음속에 스며들어 온다. 그리고 우리의 생각을 지배하려 든다. 깡패도 그런 깡패가 없다. 손 좀 봐주어야겠다는 생각이 들어 '어둠엔 빛이지!' 하며 성경을 펼쳤다. "주의 말씀을 열면 빛이 비치어 우둔한 사람들을 깨닫게 하나이다"(시편 119:130).

우선 빛의 창고에서 두 개의 보검을 꺼내 쓰기로 했다.

> 아무것도 염려하지 말고 다만 모든 일에 기도와 간구로, 너희 구할 것을 감사함으로 하나님께 아뢰라 그리하면 모든 지각에 뛰어난 하나님의 평강이 그리스도 예수 안에서 너희 마음과 생각을 지키시리라 /빌립보서 4:6-7

말씀의 검이 들어와 온갖 음습하고 어두운 것을 한순간에 내쫓았다. 근심과 두려움이 싹 증발됐다. 하나님의 말씀이 옳

많이 힘드셨죠?

았고 이유 없는 불안에서 자유해졌다. 속임수에 능숙한 악령은 말씀이 선포되자, 어둠의 그물을 옆구리에 접고 도망가기 시작했다. 빛은 어둠을 항상 이기게 되어 있다.

여행은 걱정하는 것처럼 고생스럽지 않았다. 남편과 나는 밥솥에 밥을 한가득 해서 김을 싸서 먹으며 심지어 재미있다고 말했다. 실제로 그렇게 해서 먹는 밥이 너무 맛있었다. 경비를 아끼느라 모텔비도 최소한으로 제한하고 차에서 새우잠을 잤다. 하지만 이것도 불편하기보다 믿음으로 "낭만적이다"라고 말하니 실제 그렇게 느껴졌다.

그때 우리가 타던 차는 한국말로 '토끼'(Rabbit)라는 브랜드의 중고차였는데, 한 번도 중간에 잠을 자거나 시동을 꺼뜨리지 않았다. 말씀이 내 마음을 비추니 어떤 불평과 비난도 들어올 수 없었다. 설사 좋지 않은 상황이 왔을지라도 나의 모든 해석은 항상 '감사'였을 것이다.

콜로라도주에서 보던 달은 미조리주에서 보던 달과 많이

달랐다. 얼마나 큰지 쟁반같이 둥근달이 아니라, 대지를 가득 채운 거대한 달이었다. 차를 타고 가고 있는 게 아니라, 마치 공중에서 내 몸이 달 속으로 빨려 들어가고 있는 것 같았다. 만일 우리가 비행기로 편하게 여행을 했다면 절대로 볼 수 없었던 비경이었다.

로키산을 넘어갈 때도 마찬가지였다. 산 입구에 차를 세워 놓고 오들오들 떨며 잠을 잤다. 새벽에 밖으로 나가 보니 에델바이스가 그곳을 하얗게 덮고 있었다. 처음 보는 이 작은 꽃들은 아주 귀엽고 융단같이 보드라웠다. 밤새 추웠던 기억은 어느새 사라졌다. 나는 꽃 한 송이를 따서 이마에 올려 놓고 에델바이스 노래를 낭만적(?)으로 불렀다.

"에델바이스 에델바이스, 너는 아침마다 나에게 인사를 하고, 에델바이스 에델바이스, 너는 나를 만날 때 아주 행복해 보인단다."

내가 아침마다 말씀을 읽을 때 성경이 이 노래처럼 나에게 말을 건다. "너는 나에게 아침마다 인사를 하고, 말씀을 읽을

때 아주 행복해 보인단다." 맞다. 나는 말씀을 읽고 깨달을 때 내 마음이 가장 평화로워진다. "진리를 알지니 진리가 너희를 자유롭게 하리라"(요한복음 8:32).

감사하는 사람이 어디서든 자유하다. 불평하면 묶인다. 신기하게 감사하면 당장은 풀리지 않아도 시간이 지나면 문제가 저절로 풀리는 경험을 많이 했다.

나는 그때부터
어떤 환경을 만나도
'감사하는 자유'를 빼앗기지 않으려고
노력한다.

항상 기뻐하라 쉬지 말고 기도하라 범사에 감사하라 이것이 그리스도 예수 안에서 너희를 향하신 하나님의 뜻이니라 /데살로니가전서 5:16-18

## 오늘의 위로엽서

1. 감사하면 결국은 문제가 다 풀어져요.
2. 오늘도 가는 곳마다 감사하는 자유를
   누려 보세요.

100

많이 힘드셨죠?

# 마음천국

친정아버지는 이북에서 가족과 피난을 오셔서 어렵게 홀로서기로 살아남으셨다. 아버지는 밥상머리에서 자식들을 놓고 늘 같은 말씀을 하셨다.

"나는 가진 것도 없고, 도와준 사람도 없다. 가진 거라고는 ○○두 쪽밖에 없다. 그래도 이 만큼 밥 먹고 사는 것은 다 조상님들 덕분이다. 그러니 너희들은 공부 열심히 해서 성공하고 아버지 어머니에게 효도하거라."

식기도(?)처럼 매일 하시는 이 말씀에, '엄마 아빠' 말을 배우고 말귀가 트이는 나이에 내가 먼저 배운 말이, '○○두 쪽'

이다. 조금 커서 사춘기 때, 혼자서 이렇게 생각했다. '우리 아버지는 ○○두 쪽 외에 자랑할 것이 그렇게도 없으셨나?'

아무튼 나는 항상 미리 걱정하시고 앞서 두려워하시는 '소심형' 아버지 밑에서 자랐다. '아버지가 한 번도 걱정하지 않으신 적이 있으셨을까?' 하고 생각해 보면 거의 기억이 나지 않는다. 어렸을 때 내 소원은 먹을 것이 없어도 걱정하지 않고 웃고 칭찬해 주고 사랑하는 집이었다.

부모들이 걱정하는 이유는 문제에 초점을 맞추고 살아서이다. 부모는 축복하는 자다. 사람이 걱정에 생각을 고정하면, 한 발자국도 나가지 못한다.

아버지는 지금 구십이 넘은 연세가 되셨다.
지금은 장로님이 되셔서 옛날 어려서 겪었던 아버지와는 많이 다르시다. 그래도 가끔씩 아버지의 입에서 비난이 흘러 나오면, 금세 백발의 노인은 간 곳이 없고, 영화 '국제시장'에 나오는 주인공 소년 같은 아버지가 보인다. 먹는 것 입는 것

등 기본적인 의식주 문제가 해결되지 않던 시절, 온 가족을 책임져야만 했던 그런 소년 말이다. 영화의 마지막에 소년이 우는 장면이 생각난다. 생각 속에서 소년으로 돌아간 주인공은 아버지를 그리워하며, 처음으로 마음에 담은 얘기를 한다.

"아버지, 나 많이 힘들었거든요.
… 아버지 보고 싶습니다."

내 아버지의 입에서 비난이 나올 때, '아버지가 이 말씀을 하고 싶으신 것이구나' 하고 생각한다. 예수 믿고 철든 다음부터 그냥 그런 생각이 들었다.

이런 아버지 밑에서 자란 나는 마음속에서 밤낮 없이 꽥꽥거리는 스스로에 대한 비난으로 고통을 받았다. 타인의 결점도 찾으며 비난을 그치지 않았다. 그런데 우리는 이것을 알아야 한다. 다른 사람을 비난하면 나도 '같은 비난'을 당하는 동일한 느낌이 든다. 우리는 자신의 행복을 위해서라도 남을 비난해서도 안 되고 비난받아서도 안 된다.

나는 드디어 하나님 아버지가 주시는 그런 마음의 집을 찾았다. 앞서 말했듯이 걱정하지 않고 칭찬해 주고 사랑해 주는 그런 집 말이다. 예수님이 하신 말씀에 이런 것이 있다.

바리새인들이 하나님의 나라가 어느 때에 임하나이까 묻거늘 예수께서 대답하여 이르시되 하나님의 나라는 볼 수 있게 임하는 것이 아니요 또 여기 있다 저기 있다고도 못하리니 하나님의 나라는 너희 안에 있느니라 /누가복음 17:20-21

하나님의 집은 여기 있고 저기 있는 것이 아니고, 나의 마음에 있어야 한다.

일차적으로 내가 먼저 느낄 수 있는 마음 말이다.

성경의 다른 곳에서도 예수님은 비난하는 자들을 아주 싫어하시고 경계하셨다. 세리 마태의 집에서 식사하실 때도 정죄하는 바리새인들의 입을 다물게 하셨다.

많이 힘드셨죠?

바리새인들이 보고 그의 제자들에게 이르되 어찌하여 너희 선생은 세리와 죄인들과 함께 잡수시느냐 예수께서 들으시고 이르시되 건강한 자에게는 의사가 쓸 데 없고 병든 자에게라야 쓸 데 있느니라 너희는 가서 내가 긍휼을 원하고 제사를 원하지 아니하노라 하신 뜻이 무엇인지 배우라 나는 의인을 부르러 온 것이 아니요 죄인을 부르러 왔노라 하시니라 /마태복음 9:11-13

이렇듯 예수님은 비난의 스피커를 단호하게 한 말씀으로 꺼버리셨다. 주님은 천국이 어떻게 임하는지 제자들에게 직접 본을 보여 주신 것이다.

나는 사춘기 때 어린 왕자를 참 좋아했다. 왜냐하면 어느 누구도 나쁘게 보거나, 나쁘게 말하지 않는 마음 때문이었다. 모든 위대한 것은 순수에서 나온다. 하지만 생텍쥐페리의 《어린 왕자》는 동화책일 뿐이다. 진짜가 있다. 진짜는 성경에 있었다.

예수님이 십자가에서 돌아가실 때의 모습은 숭고하다. 십자가를 지실 때, 죄 없이 무흠한 예수님에게 우리의 죄와 정죄들이 다 옮겨 갔다. 그분은 그 과정 속에 누구도 원망하거나 나쁘게 말하지 않았다.

> 나는 벌레요 사람이 아니라 사람의 비방 거리요 백성의 조롱 거리니이다 나를 보는 자는 다 나를 비웃으며 입술을 비쭉거리고 머리를 흔들며 말하되 그가 여호와께 의탁하니 구원하실걸, 그를 기뻐하시니 건지실걸 하나이다 /시편 22:6-8

십자가에 달리신 예수님에게 이렇게 욕들이 쏟아졌고 그의 육체는 모든 정죄와 비방의 표적이 되었다. 세상의 어떤 사람도 그 이유를 알지 못했다. 그렇게 예수님은 외롭게 십자가에 달려 계셨다. 그리고 "다 이루었다"고 말씀하시고 돌아가셨다. 그런데 그때부터 엄청난 일들이 일어나기 시작했다. 죄와 정죄를 십자가에 단단히 못 박으신 예수님은, 찬란하고 영광스럽게 부활하셨다.

> 큰 지진이 나며 주의 천사가 하늘로부터 내려와 돌을 굴려 내고 그 위에 앉았는데 그 형상이 번개 같고 그 옷은 눈같이 희거늘 지키던

많이 힘드셨죠?

자들이 그를 무서워하여 떨며 죽은 사람과 같이 되었더라 천사가 여자들에게 말하여 이르되 너희는 무서워하지 말라 십자가에 못 박히신 예수를 너희가 찾는 줄을 내가 아노라 그가 여기 계시지 않고 그가 말씀하시던 대로 살아나셨느니라 와서 그가 누우셨던 곳을 보라 /마태복음 28:2-6

만일 천국에도 종탑이 있다면, 이 엄청난 뉴스를 들은 천사들이 위대한 하늘의 왕자를 위해 모든 종들을 울리게 했을 것이다.

예수님이 나의 죄를 위하여 십자가에 달려 돌아가시고 부활하심으로써 우리가 받은 선물은 절대 작지 않다. 죽음 후에 가게 될 천국과 이 땅에서 누리는 마음의 천국이다. 육신의 아버지에게서 느끼지 못했던 마음의 평화를 선물로 주신 하나님 아버지께 감사드린다. 이 글을 읽는 분들도 이 천국 집으로 마음을 이동하시라.

## 오늘의 위로엽서

1. 예수님을 마음의 집에 초대해 보세요.
2. 당신의 마음이 편안해질 거예요.

많이 힘드셨죠?

# 한 아이를 위한 학교

가정 사정으로 외할머니 손을 잡고 어린 초등학생이 서울에 올라왔다. 그런데 전학도 안 되고 아이는 집에서 놀 수밖에 없어 할머니의 가슴이 타들어 갔다. 나도 그 가정을 위해 간절히 기도하다 '교회가 학교가 되어 주면 어떨까?' 하는 생각이 들었다. 나는 아이의 가족과 상의했고, 모두 좋을 것 같다고 기뻐했다.

학생은 한 명, 선생님은 전도사님들과 간사들, 교실은 성수동에 있는 우리 교회의 사무실이었다. 전도사님들과 간사님들이 돌아가면서 아이를 가르쳤다. 나는 한 명의 학생과 입학식을 했고, 세상에서 제일 작은 학교가 시작되었다. 사역자들과 간사들은 바쁜 틈을 내어서 한 아이를 위해 열심히 공부를 가르쳐 주었다. 점심밥도 교회에서 먹이고 교회 봉고차를 운전하여 집에 데려다주었다. 아이 한 명을 위해 교회 식구 모두가 힘을 합쳤다.

그런 과정 속에 어느 날 미국에서 직장을 다니던 한 청년이 교회를 방문했다. 청년은 전도를 열심히 하다가 회사에서 쫓겨났고, 대안학교 선생님이 자신이 받은 기도응답이라고 했다. 누가 봐도 밝은 미소에 깨끗한 인상이 딱 선생님이었다. 나는 그 청년에게 시간이 된다면 빗자루와 청소도구를 사다 달라고 부탁했다.

"창고 청소를 하려고 하는데 저를 좀 도와주실 수 있겠습니까? 학생은 한 명, 교실은 창고, 나와 함께 대안학교를 시작해 봅시다."

청년은 얼토당토않은 나의 제안에 오히려 감사하고 기뻐하면서 나와 함께 열심히 청소를 했다. 학교는 청년의 주님 사랑과 열정으로 학생 수가 점점 늘어났고 지금은 이백 명이나 되는 대식구가 되었다. 나와 함께 처음 시작한 그 아이는 이후 빛의자녀대안초등학교를 잘 졸업했고, 전국 검정고시에서 만점을 받은 사람 중 한 명이 되었다.

학생들 중에 상당수가 해외 선교사님들의 자녀들이거나 개척교회 목사님들의 아이들이었다. 학교는 매일 새벽기도와 예배로 마치 초대교회와 같았다.

어느 겨울 아침, 초등학교 아이들의 기도가 세 시간이 지나갔다. 아이들은 쉬지 않고 자신의 죄를 회개했다. 그때는 교회 건너편 건물 옥상에 있는 옥탑방을 월세로 쓰고 있었다. 아이들이 기도하는 중에, 학부모님 중 한 분이 기도하던 옥탑방의 문을 여는 순간, 고압선을 만지는 것처럼 그 자리에서 쓰러졌다. 이런 온갖 경이로운 기적들이 아이들에게 나타났고 우리는 놀라움과 감사함으로 하나님을 찬송했다.

몇 가지만 그 당시에 있었던 일들을 소개하겠다. 유치원생

은총이는 어머니 뱃속에서부터 DNA의 문제로 한쪽 눈이 실명되어 태어났다. 그런데 나머지 한쪽 눈마저 시력이 상실될 것이라고 의사가 진단했다. 부모님은 남은 눈이라도 살리기 위해 아기 때 시신경을 끊는 수술을 했다. 은총이는 기도할 때마다 유치원생답지 않게 흐느끼며 울었는데, 그 모습을 보면 애처로워서 나도 눈물이 났다.

어느 날 유치원생들을 놓고 내가 말씀을 전하는데 은총이가 크게 은혜를 받았고 성령 체험도 했다. 무릎을 꿇고 간절히 기도하는 은총이의 귀에 이렇게 말해 주었다.

"은총아, 사도행전 4장 10절에 '하나님이 죽은 자 가운데서 살리신 나사렛 예수 그리스도의 이름으로 이 사람이 건강하게 되어 너희 앞에 섰느니라'라는 말씀이 있어. 나는 네가 지금부터 이 말씀을 매일 외웠으면 한단다. 목사님의 얘기 잘 기억할 수 있지?"

은총이는 그 시간부터 열심히 말씀을 반복하여 외우기 시작했다. 어느 날 신학대 교수님이었던 은총이 어머니와 통화를 하는데 은총이가 말씀을 외우는 소리가 귀에 들려왔다. 아이는 놀면서도 이 말씀을 외우고 선포했다.

어느 날 은총이가 정기검사를 받으러 병원을 가게 되었는데, 아이의 눈을 재검사해 보고 싶은 마음이 생겼다. 병원에서는 당연히 그럴 필요가 없다고 말렸고, 은총이 가족은 사진이라도 찍고 싶다고 간청했다.

놀랍게도 은총이의 시력이 살아 있고 눈동자도 많이 제자리로 내려와 있었다. 제일 놀라신 분이 예전에 수술을 집도하셨던 선생님이라고 엄마, 아빠가 간증했다.

두 번째 이야기는 초등학교 소녀에 대한 것이다. 소녀는 모든 학생들이 앉아 있어도 늘 서 있는, 자폐증세가 있는 초등학생이었다. 아무리 선생님들이 앉히려 해도 소녀는 늘 뻘쭘히 서 있는 데다 혼자서 돌아다녔다. 소녀가 무슨 생각을 하는지 도무지 알 수 없었다. 그런데 아이가 강단 위에서 찬송하는 아이들을 보며, 살며시 내 곁으로 오더니 말을 걸었다.

한 아이를 위한 학교

"목사님, 저 노래가 아름답지요?"

나는 너무 기뻐서 눈물이 났고, 아이를 보며 선생님들과 함께 하나님께 감사를 드렸다.

여호와께서 나를 구원하시리니 우리가 종신토록 여호와의 전에서 수금으로 나의 노래를 노래하리로다 /이사야 38:20

그 시간 이후 아이는 다른 학생들과 똑같이 앉아서 말씀도 듣고, 공부도 하면서 놀랍게 성장했다.

마지막으로 나누고 싶은 한 아이가 있다. 이 아이는 초등학교 1학년으로, 부모가 이혼을 하여 어머니와 함께 살고 있었다. 가끔씩 아이는 집에 있을 때 손가락을 머리에 갖다 대고 '빵야 빵야' 하면서 자살 놀이를 했다. 나는 이 이야기를 어머니에게서 듣고, 아이를 위한 특별한 만남을 고안했다. 일단 아이가 눈치 채지 못하도록 또래의 학생들과 같이 만났다. 나는 집에서 가져온 딱딱하게 얼린 떡덩이 몇 개로 아이들과

많이 힘드셨죠?

놀이를 시작했다.

"얘들아, 이것을 귀신이라고 상상해 볼까? 귀신은 하나님이 싫어서 영광스러운 하나님의 자녀들을 싫어한단다. 그래서 모든 방법을 가지고 너희를 괴롭히려고 하지. '나 자신이 미워지기, 스스로 때리며 학대하기, 내가 싫어서 죽어 버리기' 등으로 너희를 파괴하려고 하지. 앞으로 그런 생각이 들거든 목사님이 가르쳐 주는 그대로 하면 돼! 알겠지? 자 따라 해 볼까?

더러운 귀신아! 내가 왜 네가 시키는 대로 해야 하지? 그리고 네가 괴롭히는 대로 움직여야 하지? 나는 더 이상 그렇게 하지 않겠어.

아니, 나 안할 거야! 오히려 나는 그 반대로 행동하겠어. 하늘에 계신 아버지께서 나를 얼마나 사랑하는지 난 십자가를 통해 잘 알고 있다구! 이렇게 지혜로운 나에게 나는 별 다섯 개 아니 열 개라도 상을 주겠어. 내가 실망할 시간에 한 번이라도 더 내 머리를 어루만지며 칭찬해 주고 위로해 주겠어.

너는 종종 내 귀에 '죽어!'라고 말을 하지만 그 소린 내가 아니야. 너는 내가 아니야. 내가 죽긴 왜 죽어? 살아야지! 나는 오래오래 살아서, 나를 구원하신 예수님을 찬송할 거야. 너는 이런 나를 볼수록 점점 우울해질 것이다. 지금 떠나는 것이 좋을걸?

하지만 계속 네가 나의 마음을 괴롭힌다면 나도 가만있지만은 않겠어. '예수님의 이름으로 명령한다. 더러운 귀신은 떠나갈지어다!'"

내가 이렇게 아이들에게 따라하도록 말하고 나서, 이번에는 놀이처럼 특별한 행동을 지시했다. "이제 예수님의 이름으로 힘있게 이 떡들을 바닥에 내리쳐라!" 하고 말했다.

아이들이 그렇게 할 때 나는 큰 소리로 "귀신들이 떡 됐다!"라고 선포했다. 초등학교 저학년 학생들이 까르르 웃으면서도 얼굴에는 힘과 평안이 느껴졌다.

많이 힘드셨죠?

무엇보다 그 아이는 떡을 던질 때마다, 얼굴이 상기되어 뺨이 붉어지고 눈에 눈물이 가득히 고였다. 아이의 가슴에 있는 부모에 대한 분노와 자신에 대한 미움이 씻기는 것 같았다.

이 아이는 부모가 헤어진 것이 늘 자기 때문이라고 생각하고, 스스로를 정죄했다.

마귀는 이런 식으로 사람을 미혹하다가 스스로 죽게 만든다. (미혹이란 거짓을 진짜로 믿게 하는 것을 말한다.) 자살하는 사람들마다 다 이유가 있겠지만, 깊이 들어가 보면 거기엔 악마의 미혹이 있다. 사람들이 이 지식만 가지고 있어도, 속지 않고 자살을 막을 수 있을 텐데 하는 생각이 들었다.

그날 이후로 아이는 더 이상 자살 놀이를 하지 않았다.

그리고 아이답게 소년의 밝은 미소를 되찾을 수 있었다.

자녀들아 아무도 너희를
미혹하지 못하게 하라…

/요한일서 3:7

## 오늘의 위로엽서

1. 아프지 마세요.

2. 힘든 아이일수록 더 사랑해 주세요.

많이 힘드셨죠?

# 우울증

일본에서 연합집회를 마치고 호텔로 돌아가는 길에 어떤 일본인 가정을 방문하게 되었다. 그 가정의 부인은 크리스천이었고, 남편은 불신자였다. 부인이 교회에 다니는 것 때문에 남편은 그녀를 많이 핍박했다. 부인은 가족 구원을 위해 날마다 교회에서 기도했고, 그런 와중에 외동딸이 우울증에 시달려 자살을 시도했다. 250알이나 되는 수면제를 먹고 병원에서 위세척까지 했는데, 퇴원한 당일 집에 있는 약이라는 약은 다 먹고 또 자살 소동을 벌였다. 딸은 다시 응급실에 실려 갔다가 돌아왔는데, 집안 꼴이 말이

아니었다.

밤 11시에 믿지 않는 남편에게 들키지
않도록 우리는 발꿈치를 들고 현관으로
들어갔다. 그런데 우리가 들어오는 것
을 남편이 다 지켜보고 있지 않은가! 남
편은 자그마한 키에 빈틈이 없어 보이는
인상이었다. 그는 그 지역에서 꽤 성공한 사람이었다. 일본인
남편은 "딸이 이 지경이 되었는데, 의사도 아니고 웬 목사를
데리고 나타났느냐"며 부인을 심하게 꾸짖었다. 부인은 머리
를 몇 번씩이나 조아리며 남편에게 사정을 했다. "이왕 목사
님이 오셨는데, 기도라도 한 번 받게 하자"는 것이었다.

나는 두 사람이 옥신각신 다투는 사이, 용감하게 거실 문
을 열고 안으로 들어갔다. 거실엔 조상을 숭배하는 불단이
놓여 있었고, 남편은 화들짝 놀라서 거실로 따라 들어왔다.
그는 "무슨 짓이냐?"며 소리를 질렀다. 나는 그에게 단호하
게 말했다.

많이 힘드셨죠?

"딸 때문에 얼마나 마음이 상하십니까! 하지만 마음을 가라앉히고 생각해 보십시오. 목사인 제가 왔다고 해서 의사를 부르지 못할 이유는 없지 않습니까? 선생님의 종교가 무엇이든, 저도 딸이 좋아지기를 원하는 마음으로 이곳에 왔습니다. 내일 이른 아침에 공항에 나가야 하는 제가 왜 따님을 보러 왔겠습니까. 아무튼 저에게 잠시만 시간을 주십시오. 만약 딸에게 변화가 일어난다면 좋은 일이고, 아니면 그만두시면 되는 것 아닙니까? 그 후에 저를 밖으로 쫓아내시든 말든 마음대로 하십시오!"

그때 그의 표정이 갑자기 수그러들었고 딸의 방으로 나를 안내해 주었다. 딸은 머리끝까지 이불을 푹 뒤집어쓰고 우리를 쳐다도 보지 않았다. 우선 이불을 내리게 하고, 딸의 얼굴을 직접 보는 게 중요했다. 나는 부모에게 말하는 척하며 내 마음을 딸에게 전했다.

"두 분의 딸은 죽고 싶어서 약을 먹은 것이 아닙니다. 너무나 살고 싶은데 살 수가 없어서 그렇게 한 것입니다. 따님이 얼마나 힘들었겠습니까? 또 얼마나 무서웠겠습니까?"

이 이야기를 하고 누워 있는 딸의 머리맡에 조용히 무릎을 꿇고 앉았다. 그리고 이불 속에 살며시 손을 넣어 딸의 손을 만져 보았다. 얼음장같이 차가운 손이 만져지는데, 딸의 아픔이 느껴져 눈물이 났다.

조심스럽게 딸의 이불을 살짝 들춰 보았을 때, 그 속에서 수줍은 얼굴이 나를 향해 미소를 짓고 있었다. 사슴같이 아름답고 큰 눈을 가진 앳된 아가씨였다.

"이렇게 예쁜 눈을 가지고 있으니 날마다 감사하며 살아야 하는데 마음이 많이 힘들었나 보구나. 그렇게 많은 약을 먹고 배가 얼마나 아야(?) 했을까? 위세척도 엄청 고통스럽다던데, 다음에 자살할 마음이 생기면, 우리 약 같은 것은 먹지 말자. 조금 더 쉬운 방법으로 하도록 하자. 알겠지?"

그녀는 이 말에 어이가 없었는지 혼자 배시시 웃었다.

"생각해 봐. 아무리 죽으려고 두 번 씩이나 애를 써도 죽지 않았지? 내가 볼 때 너는 하나님이 선택한 딸인 것이 틀림없어."

딸은 눈빛으로는 나를 열심히 따라와 주었지만, 그녀의 머

많이 힘드셨죠?

리는 좌우로 흔들며 괴로워했다. 나는 그 모습에 안 되겠다 싶어 눈을 크게 뜨고 이렇게 말했다.

"지금부터 내가 말을 하는 동안에는 고개를 좌우가 아닌 위아래로 끄떡여 줄 수 있을까? 그렇게 하면 네 마음이 훨씬 편안해질 거야."

주는 영이시니 주의 영이 계신 곳에는 자유가 있느니라  /고린도후서 3:17

자매는 다행히 나의 말을 순순히 따라와 주었고 처음보다 편안해 보였다. 옆에서 지켜보던 아버지는 신기한 듯 딸을 쳐다보다가 몇 번이나 눈물을 몰래 훔치곤 했다. 나는 그녀가 마음을 열자, 좀 더 가까이 다가가서 말을 했다.

"네가 몹쓸 약들을 입에 넣어 위장이 망가지고 심장이 멈췄다고 하자. 그러면 네 몸이 이렇게 말을 하겠지? '주인님, 더 이상 제가 버틸 힘이 없습니다. 이제는 몸에서 나갈 준비를 하셔야겠습니다.' 너는 그 순간 몸 밖으로 나가게 되고, 네 육체 밖에서 너의 몸을 보게 되겠지. 네가 이렇게 빨리 몸 밖으로 나가려는 이유를 난 알 수가 없어. 하지만 너를 만드신 창조주 하나님이 '아직은 아니야!' 하시니까 네 생명이 다시 돌아오게 된 거야. 인간의 생명은 하나님의 것이기 때문에, 하나님이 끝내시기 전에는 절대 끝나는 것이 아니란다.

나는 오늘 너에게 꼭 알려 주고 싶은 것이 있어서 왔단다. 하늘에 계신 높은 분이 나를 너에게 보내신 것을 생각해 보면, 너는 매우 복되고 특별한 아이라는 거지. 간단하게 말하면 이것이야. 하나님께서 너를 얼마나 사랑하시는지 말해 주러 왔어.

하나님은 네가 축복을 받으며 행복하게 살기를 원하셔. 하지만 지금 네가 겪고 있는 상처와 고통 뒤에는 죄와 사탄 마귀의 문제가 있어. 사람들이 가진 모든 문제는 이것부터 해결해야 해. 예수께서는 죗값, 저주 값이 되어 너를 대신하여 십자가에서 돌아가셨어. 그분이 너를 위하여 모든 형벌을 받았단다. 네가 믿기만 하면 완전히 용서받을 수 있어. 그리고 너는 새 생명을 얻게 될 것이고, 하나님의 자녀로서 천국에서 영원히 살아가게 될 거야. 지금 네가 죄를 고백하고 예수님을 주인으로 받아들이면, 구원을 받고 마음의 고통에서 완전히 자유로워진단다."

그가 찔림은 우리의 허물 때문이요 그가 상함은 우리의 죄악 때문이라 그가 징계를 받으므로 우리는 평화를 누리고 그가 채찍에 맞으므로 우리는 나음을 받았도다 /이사야 53:5

십자가 복음을 듣고서 딸은 이불에서 나왔고 바른 자세로 무릎을 꿇었다. 그리고 동이 트는 새벽, 예수님을 구주로 영접했다.

"사랑하는 예수님,
겨울이 지나고
다시 봄이 온 것을 감사합니다.
이 가정이 예수님을 믿을 때 주님께서 오늘보다 좋은 내일, 내일보다 더 좋은 미래를 주실 줄 믿습니다."

우울증

"이 딸은 사는 것이 너무 힘들어서 모든 것을 포기하려고 했습니다. 하나님을 몰라서 주신 귀한 몸을 버리고 죽으려 했습니다. 딸의 죄를 용서해 주세요. 그리고 예수님이 십자가에서 흘리신 보혈로 과거의 모든 나쁜 기억에서 나오게 해 주세요. 아픈 마음의 상처도 깨끗이 낫게 해 주세요. 오늘부터 천국에 갈 때까지, 내 마음에 예수님을 주님으로 모시고 살겠습니다."

놀랍게도 같은 시간에 아버지도 눈물을 흘리며 예수님을 영접했다. 엄마와 아빠, 딸, 이 세 사람은 함께 끌어안고 서로의 마음으로 쓰다듬었다. 이 가정은 파괴될 뻔했지만, 주님은 '나쁜 것을 더 좋은 것'으로 만드시고 승리를 주셨다.

다음날 그는, 조상 대대로 내려오는 불단을 부수고 불로 태워 버렸다. 그중의 일부는 나무 십자가를 만들어 나에게 보내 주었다.

딸을 지켜주고 싶어도 어떻게 할 수 없었던 아버지는, 예수

님을 믿은 후 모든 자책과 정죄감에서 빠져나왔다. 그에게 인
생의 위기가 기회가 되었다.

> 참 빛 곧 세상에 와서 각 사람에게 비추는 빛이 있었나니 … 영접하
> 는 자 곧 그 이름을 믿는 자들에게는 하나님의 자녀가 되는 권세를
> 주셨으니 / 요한복음 1:9, 12

### 오늘의 위로엽서

1. 당신은 행복할 자격이 있습니다.
2. '네가 웃었으면 좋겠어'라는 곡을 들어보세요.

'네가 웃었으면 좋겠어'
곡을 들어보세요.

## Part.2

빛이 / 들어오다

# 희망봉

　　　　　　　　　　　　　　　남아프리카에서 선교사대
회를 마치고 귀국하는 길이었다. TV녹화를 하면서 선교사님
들을 위한 집회까지 하려니 정말 정신없이 바빴다. 비행기 의
자에 앉자마자 눈꺼풀이 저절로 내려왔다. 비행기가 뜰 때 잠
이 들었는데 갑자기 옆에 있던 사람이 비명을 지르기 시작했
다. 나는 반사적으로 벌떡 일어났다. 그런데 그는 여전히 고
통스러운 얼굴로 팔과 다리를 공중에 휘두르고 있었다. 주변
의자에 앉아 있던 사람들은 일어나서 뒤로 도망을 갔다. 그가
잠과 현실을 구분하지 못하는 듯 한참 고성을 질렀다. 승무원
들이 달려와 그의 몸에 올라타 그를 제압했다. 옆자리에 있던
나는 그가 안정되었을 때 얼굴을 천천히 쳐다보았다. 그는 창

피해서 어쩔 줄을 몰라 했다.

승무원은 내가 원하면 자리를 바꿔 줄 수 있다고 했지만 이렇게 좋은 '전도의 기회'를 놓칠 수 없었다.

방금 전의 분위기를 바꾸어 보려고 일부러 나의 명함을 건네주었다. 그는 나의 명함을 보더니 목사냐고 물었다. 자신은 세계 84개국에 지사가 있는 중국의 국영기업체 사장이라고 소개했다. 그리고 남아공에 계약 건이 있어서 다녀오는 길이라고 했다.

자신이 이상한 사람이 아니라는 것을 알리고 싶었는지 본인 이야기를 많이 했다. 이런저런 대화가 오고 갔고, 나는 자연스럽게 전도할 기회를 얻을 수 있었다.

"출장을 가면 호화로운 호텔에 고급 승용차, 고급 술이 저를 기다립니다. 늘 사치스러운 유흥으로 접대를 받지만, 무슨 이유인지 해외에 나갈 때마다 이상하게 악몽을 꿉니다. 무엇보다 가위눌림이 심해서 오늘 같은 일이 벌어지곤 합니다. 사람들은 제가 성공했다고 부러워합니다. 하지만 제 자신은 마음에 기쁨이 하나도 없고, 제 삶에 뭔가 중요한 것이 빠졌다는 생각이 듭니다. 언제나 허무함이 저를 괴롭힙니다. 인생에서 길을 잃었다는 생각이 종종 드는데, 잘 모르겠습니다. 제가 왜 이러는지…."

나는 그의 이야기를 들으며, '하나님께서 우연히 이 사람을 만나게 한 것이 아니구나!' 생각했다. 평상시 복음을 전할 때 그렇게 하지 않지만, 나는 그의 손을 잡고 몇 번씩이나 손바닥 위에 십자가를 그리며 복음을 설명했다.

나는 그의 가슴속 깊이 십자가가 박히고 예수님을 영접하기를 기도했다. 그는 조금 전의 실수 때문인지 마음이 낮아질 대로 낮아져 있었다. 그는 자신의 과거 이야기까지 나에게 나누어 주었다.

그는 대학시절 친한 친구에게서 복음을 듣고 이상하게 마음이 뜨거워지고 감동이 됐었다고 했다. 그때 예수님을 주님으로 받아들이고 싶었지만, 주변 친구들 눈치 때문에 영접하지 않았다. 그 후 복음을 그 누구에게도 들은 적이 없었는데 그날 다시 듣게 된 것이다. 그는 나에게 다시 예수님 이야기를 전해 주어 고맙다고 했다. 심지어 "예수님을 너무 오랫동안 기다리게 했다"며 눈물까지 글썽였다. 수도 없이 전도를 해봤지만 이렇게 쉽게 예수님을 영접하는 사람은 처음 봤다. 하마터면 겉모습만 보고 주님이 차려 주신 완벽한 밥상을 발로 걷어찰 뻔했다.

우리는 비행기 안, 높은 하늘 위에서 예수님에 관한 많은 이야기를 나누었다. 그의 얼굴에는 자유와 기쁨이 넘쳤다. 조금 전의 광폭한 모습은 찾아볼 수 없었다.

나는 급히 마음에 떠오른 성경말씀을 적어 주고 싶어서, 그의 비행기 좌석표 위에 마태복음 11장 28절을 적어 주었다.

BOARDING PASS　BOARDING PASS

수고하고 무거운 짐 진 자들아 다 내게로 오라
내가 너희를 쉬게 하리라

F 0575　55L　22　08:10　　F 0575　55L　08 10

그의 손에 이것을 쥐어 주며 이 말씀은 앞으로 버리지 말고 기억해 주면 좋겠다고 말했다. 미션을 마친 나는 그 순간, 눈이 너무 무거워 나도 모르게 깊이 잠에 빠져들었다.

'얼마나 지났을까? 여기는 어디지?'

잠에 취해 나는 내가 비행기를 탄 것과 중국 사람과 대화를 했던 것조차 깜빡 잊어버렸다. 기내방송으로 비행기가 곧 도착할 거라는 소리에 놀라 일어나려고 했지만 나는 도저히 일어날 수가 없었다. 왜냐하면 그가 몇 시간 전에 영접기도를 했던 모습 그대로, 손을 모으고 기도하는 자세로 있었기 때문이다. 몇 시간 전부터 기도를 한 것인지, 아니면 내가 눈을 떴을 때 기도를 시작한 것인지 알 수 없었지만, 그의 뺨에 흐르는 눈물을 보고 나는 어떤 소리도 낼 수가 없었다. 화장실에 가고 싶었지만, 그냥 꼼짝하지 않고 잠자는 척 그대로 누워 있었다.

그때 며칠 전에 올라갔던 남아프리카의 희망봉이 생각났

다. 그 봉우리 앞에는 인도양과 대서양이 만나 거칠게 서로 부딪히고 있었다. 선원들이 길고 험한 항해 길에서 기진맥진하여 다 포기하고 싶을 때, 절벽에 우뚝 서 있는 등대를 보고 살 희망을 갖는다. 등대에서 비춰 주는 빛을 보며 배에 탔던 사람들은 깊은 안도의 숨을 내쉰다. '내가 살았구나. 드디어 쉴 수 있는 구원의 항구에 도착하는구나!' 그래서 사람들이 그곳을 희망봉이라고 불렀다.

나는 의자에 누워서 옆 사람의 얼굴을 실눈으로 쳐다보았다. 방금 비행기에서 예수님을 영접한 그의 얼굴이 선원들의 얼굴과 무엇이 다를까. 경쟁과 출세라는 거친 인생의 항해 길에서 악몽으로 신음하다 예수님을 찾은 그가 아닌가! 어쩌면 이 비행기는 그가 다시는 기억하고 싶지 않은 최악의 것일 수 있었다. 하지만 예수님은 이곳에도 빛으로 찾아와 주셔서, 천국 가는 비행기로 만들어 주셨다.

우리가 이 소망을 가지고 있는 것은 영혼의 닻 같아서 튼튼하고 견고하여 휘장 안에 들어가나니 /히브리서 6:19

## 오늘의 위로엽서

1. 무거운 짐을 예수님께 다 맡기세요.
2. 힘들 땐 쉬어 가도 괜찮아요.

많이 힘드셨죠?

# 쿠키가게

미국에서 대학원에 다니던 시절, 쿠키점에서 일한 적이 있었다. 사장은 내게 인상이 좋아 보인다며 당장 다음날부터 근무하라고 했다. 그녀는 직원들을 위한 매뉴얼을 보여 주며 쿠키를 굽는 법을 설명해 주었고 나는 다음날부터 일을 시작했다.

그런데 그날 눈에 거슬리는 그림 하나를 보았는데, 예수님이 한 손엔 쿠키, 또 한 손엔 콜라를 들고 계신 성만찬 그림이었다. 마음이 불편해서, '내가 여기서 일하는 것이 맞나?' 하고 고민을 했다. 그때 친정어머니가 시집갈 때 주셨던 '우아한 공작'이 눈에 들어왔다. 수를 놓아 만들었는데 우리 집에서는 제일 좋은 것이었다. 다음날 조심스럽게 '쿠키 성만찬' 을 내리고, 대신 내가 가져온 것을 벽에 걸었다. 주인이 뭐라 고 할지 모르겠지만 예수님을 모욕하는 그런 그림 옆에서 하 루도 일하고 싶지 않았다. 그리고 그것을 계기로 그녀에게 전 도해 볼 참이었다.

다음날 아침, 쿠키점 주인은 "허락도 없이 이게 무슨 짓이 냐?"며 화부터 냈다. 예상하지 못한 것은 아니었지만 그녀가 얼굴이 빨개지도록 호통을 쳐서 매우 부끄러웠다. 그때 갑자 기 주님께서 감동을 주셨다.

"너는 이 부인을 정죄하지 말고 친절하게 대해야 한다. 이 런 방법으로는 그녀가 하나님의 성품을 이해할 수가 없다. 이 여인은 힘들게 살아가고 있으니 사랑해 주어라. 나는 네 마음 을 잘 알고 있다. 사랑하는 딸아!"

그때부터 나는 여러 방법으로 전도하기 시작했다. 성경을 가지고 조금씩 가르치려 했지만 그것도 잘 되지 않았다. 그녀의 마음은 여러 달 동안 열리지 않았다. 그녀가 평소에 가지고 있었던 기독교에 대한 반감이 커서였다.

그 부인에게 가장 중요한 것은 사업과 돈이었다. 하나님이 분명히 살아 계신데 그걸 모르고 있다는 사실이 안타까웠다. 그런 부인에게 내가 어떻게 주님의 성품을 전할 수 있을지 고민이 되었다.

어느 날 신학교 동산에서 기도할 때 하나님이 지혜를 주셨다. 이 가게는 원래 저녁 8시면 문을 닫는데, 10시나 11시까지 장사를 해야겠다고 결심했다. 부자들이 사는 백인 동네였는데 저녁에 산책을 하는 사람들이 많아서 밤에도 그런대로

쿠키가게

장사가 되었다. 파출부로도 일하고 쿠키점에서도 일하는 것이 힘들었지만 주인을 전도하기 위해 수입을 더 올리려고 노력했다.

나는 시간을 늘려 장사를 했고 한두 달이 지나자 매상이 늘어나기 시작했다. 주인은 "하나님을 믿는 사람이 들어와 복을 받는 것 같다"며 마음도 열었고 행복해했다. 언제까지 이렇게 해야 할지 몰랐지만, 그녀가 예수님을 믿는 상상으로 매일 밤늦게까지 쿠키를 팔았다.

어느 날 밤늦게 사장이 차를 타고 지나가다 가게에 불이 켜져 있는 것이 이상했던지 차를 돌렸다. 그녀는 문을 열고 들어오자마자 "도대체 지금 무엇을 하고 있는 거예요. 이 늦은 밤에?" 하고 불쾌해했다.
나는 완전히 얼어붙어 할 말을 잊어버렸다. '도대체 뭐라고 말을 해야 하지?' 마치 나쁜 짓을 하다가 들킨 사람처럼 가슴이 두근거렸다. '당신을 전도하고 싶었다고 말해야 하나? 그렇게 말한다면 정말 믿어 줄까? 혹시 나를 도둑으로 몰기라

많이 힘드셨죠?

도 한다면? 아, 뭐라고 설명을 해야 하지?'

나는 그녀에게 솔직하게 말했다.

"예수님이 사장님을 사랑하신다는 것을 알려드리라고 하셨어요. 요즘 사업도 어렵고 남편과 문제도 있어서 많이 어려우신 것 알아요. 한숨을 쉬고 우는 모습을 볼 때마다 제 마음이 너무 아팠어요. 어떻게든 힘이 되어 드리려고 했는데 제 방법이 옳았는지 모르겠어요. 돈을 많이 벌어서 사장님을 기쁘게 해드리고 사장님을 전도하고 싶었어요."

그렇게 눈물을 글썽이며 말을 꺼냈을 때 그녀가 이렇게 대답을 했다.

"그랬구나… 그랬었구나. 요즘 갑자기 매상이 좋아져서 무슨 일인가 했더니 이렇게 해서 벌어들인 돈이었구나."

나는 그 말을 들으면서 '전도고 뭐고 다 끝났구나!' 생각하고 있는데, 그녀가 갑자기 이렇게 말했다. "김형민 씨, 걱정 말아요. 이번 주부터 꼭 교회 갈 것입니다. 믿음이 있어서 가

는 것은 아니고 당신을 보니 예수님이라는 분에게 호기심이
생겼어요."

나는 그 자리에 주저앉아 너무 기뻐서 엉엉 울었다. 사장도
얼싸안고 같이 울다가 웃다가 했다. 부인은 그 주부터 한인
교회에 나가기 시작했고 내가 다니는 신학대학원 기숙사에
한 주에 한 번씩 찾아와서 성경을 배웠다. 나중에 그녀는 여
선교회 회장까지 지냈고 귀국하기 전 나에게 귀한 선물도 주
었다.

쿠키 성만찬은 어떻게 되었는지 궁금하지 않은가? 그녀는
교회에 다니면서도 그 비싼 그림을 내려놓지 못해서 나와 옥
신각신했다. 그러다가 내가 라디오 방송국에서 상담을 맡게
되면서 나는 자연스럽게 쿠키점 일을 그만두었고 그녀도 개
인 사정으로 가게 문을 닫으면서, 결국 쿠키 성만찬은 영원히
사라지게 되었다.

내가 그 가게에서 일하는 동안 한 가지 깨달은 사실이 있다.
그것은 '하나님이 우리를 어디론가 인도하실 때는 내가 사

많이 힘드셨죠?

랑할 누군가가 거기에 있다'는 것이다.

평생 그 마음이 나에게 축복이 되었고, 죽을 때까지 내가 가지고 가야 할 사명이 되었다.

> 그러므로 우리가 그리스도를 대신하여 사신이 되어 하나님이 우리를 통하여 너희를 권면하시는 것같이 그리스도를 대신하여 간청하노니 너희는 하나님과 화목하라 /고린도후서 5:20

## 오늘의 위로엽서

1. 힘들게 살고 있는 당신, 자신을 친절하게 대해 주세요.
2. 아픔이 있는 사람에게 친절하게 대해 주세요.

#열여섯 번째 이야기

# 하나님은 살아 계십니다

예수님을 믿고 난 후 나는 예수님을 자랑하고 싶어서 견딜 수가 없었다. 매일 전도하는 생각만 했다. 간증지를 만들어 집 근처에 있던 서울대학교에 가서 나눠주거나, 버스에 서서 전도도 했다. 그러다 내가 다니던 영어학원에서 성탄절 파티를 크게 열었다. 한쪽 구석에 앉아 있던 나는 전도하라고 이렇게 많은 사람을 모아 주신 하나님께 감사했다. 나는 자리에서 일어나 학원생들 앞에서 예수님을 증거하기 시작했다.

그날 대학생 한 명이 내 전도에 감동을 받았다며 집으로 전화를 걸어 왔다. 그가 바로 내 남편이다. 전도하다가 결혼

144

많이 힘드셨죠?

까지 하게 된 나는, 종종 결혼이 늦어진 청년들에게 '사람들이 연결해 주는 중매보다 하나님이 맺어 주시는 전도 중매'가 더 좋다고 말을 한다.

결혼 후 나는 남편의 유학을 돕기 위해 미국으로 따라갔다. 남편은 미래를 준비하며 학교에 가서 공부를 하는데, 나는 집에서 살림만 하려니 답답해서 견딜 수가 없었다. 영어를 못하니 텔레비전을 봐도 무슨 소리인지 모르겠고, 운전면허증이 없으니 한 발자국도 밖으로 나갈 수가 없었다. 그때 기도하다가 나도 남편처럼 학교를 다니게 해달라고 주님께 간청했다. 내가 주님을 사랑하여 개인적으로 전도를 해왔지만, 주님의 일을 더 잘하기 위해 배움의 길을 열어 달라고 기도를 했다.

수개월 동안 소원을 가지고 기도하던 중, 어느 날 오후 화창했던 날씨가 변하며 폭우가 쏟아지기 시작했다. 마침 그 시간에 조깅을 하던 어떤 백인 신사가 우리 집에 비를 피하여 들어오게 되었다. 내가 그에게 의자를 권하자 그는 눈물이 가득했던 나의 눈을 깊이 쳐다보며 이렇게 물었다.

"Why are you crying?"(왜 울고 있어요?)

나는 영어가 부족하여 갑작스런 질문에 이렇게 대답하고 말았다.

"School School School"(학교, 학교, 학교)


그는 내게 천천히 말할 수 있도록 기다려 주었고 의사 전달은 충분했다. 그는 웃는 얼굴로 "See you tomorrow morning!"(내일 다시 만납시다)이라고 말하고는 집을 나섰다.

다음날 내가 그를 만났을 때 그는 내게 크고 흰 봉투를 내밀었는데, 따뜻한 미소를 지으며 열어 보라고 하였다. 봉투를 열어 보았을 때, 그때의 충격과 기쁨은 어떤 말로도 표현할 수가 없다. 그것은 졸업할 때까지 대학을 다닐 수 있는 장학증서였고, 앞에 앉아 계신 분은 사우스웨스트침례대학교(Southwest Baptist University)의 닥터 체니 총장님이었다. 나는 입학 조건인 토플도 보지 않았고, 등록금은커녕 단 백 달러도 없었으며, 무엇보다 학생비자도 없이 장학금을 먼저 받게 되었다. 입학 허가 후에 모든 행정 절차를 거꾸로 밟아 가면서 '하나님이 하시면 다 되는구나' 하고 깨달았다.

> …하나님이 나와 더불어 영원한 언약을 세우사 만사에 구비하고
> 견고하게 하셨으니 나의 모든 구원과 나의 모든 소원을 어찌 이루
> 지 아니하시랴 /사무엘하 23:5

부족한 내가 그곳에서 학생 신분이 되었으니, 혹자는 그 학교가 뭔가 한참 모자란 대학이 아닐까 생각할 것 같다. 그래서 이것을 말해 두는 것도 나쁘지 않을 것 같다. 내가 그 대학에 있을 때 조지 허버트 워커 부시(아버지 부시) 전 미국 대통령이 백악관에서 전용기를 타고 날아와 명예학 박사를 받았다. 굉장한 명문대학은 아니지만, 백악관에서도 검증한 괜찮은 대학이라는 뜻이다.

모든 것을 종합적으로 생각해 보면 하나님은 '살아 계신 분'이다. 하나님 아버지는 우리의 앞길을 열어 주는 분이시다. 우리가 그분의 사랑하는 아들이신 예수님의 이름으로 기도하면 일단 귀를 기울이신다.

하나님은 살아 계십니다

더구나

예수님을 사랑하는 사람의 기도는

특별한 관심을 가지신다.

**오늘의 위로엽서**

1. 하나님과의 대화를 시작해 보세요.

2. 하나님은 당신과 대화하기를 원하십니다.

많이 힘드셨죠?

## 서툶

서부로 가는 긴 여행 끝에서 남편은 길을 잃었다. 고속도로에서 나가는 길을 놓치고 뱅글뱅글 몇 바퀴를 돌았다. 남편은 늘 길 찾는 일을 어려워했고 서툴렀다.

앞으로 사역할 교회를 간신히 찾아 주차장으로 들어갔다. 그곳은 우리가 대학원을 졸업할 때까지 전도사로 일해야 할 교회였다. 남편은 담임목사님을 만나러 들어갔고 나는 주차장에서 기다렸다. 모든 것은 순조로웠고 주일에 가서 예배도 잘 드렸다.

그런데 며칠 후 서울에서 다급히 전

화가 왔다. 부모님이었다. 부모님은 "도착하는 데 왜 이렇게 시간이 오래 걸리니? 너희들을 만나려고 담임목사님이 얼마나 기다리시는데…"라고 말씀하셨다.

부모님의 말씀을 들으니 우리가 간 교회는 우리가 섬기기로 되어 있던 교회가 아니었다. 참으로 황당했다. 어떻게 이런 일이 생길 수 있을까? 우리의 길을 인도해 달라고 그렇게 하나님께 간절히 기도했는데….

> 사람이 마음으로 자기의 길을 계획할지라도 그의 걸음을 인도하시는 이는 여호와시니라 / 잠언 16:9

남편 탓을 해봤자 이미 지나간 일이었다. 그 교회의 모든 교인들 앞에서 인사를 했고 그들에게 축하 인사도 받았다. 과정이야 어떻든, 일단 사람의 걸음을 인도하시는 분은 하나님이시다. 우리는 그 교회에 남기로 했다. 원래 가려고 했던 교회 사례비의 십분의 일이었다. 솔직히 그 얘기를 듣는 순간 마음이 흔들렸지만, 기도하면서 결심을 굳혔다.

어쨌든 그 결정으로 나는 파출부 일, 세탁소 일 등 막일을 대학원 졸업할 때까지 했어야 했다. 유학을 하고 있는 학생으로서 쉽지 않은 일이었다. 하지만 젊은 시절, 돈 때문에 교회를 결정하지 않은 것이 떳떳했고 마음도 평안했다. 경제적으로 어렵게 되자 하나님께 더 많이 엎어지고 더 많이 기도했다. 어쨌든 이렇게 저렇게 기도를 많이 시키시는 것은 신학생에게는 더 큰 축복일 수 있다.

그로부터 십 년 후 그 교회에서 만났던 학생이 건국대학교의 교수가 되었다. 어느 날 나는 인사차 사무실에 갔다가 다른 교수들을 만나게 되었다. 그분들의 적극적인 추천으로 1년간 건국대학교의 교목으로 몸담게 되었고, 나중에 깡통교회를 개척하는 계기가 되었다.

결국 남편 때문에 나빠진 것이 아니라, 오히려 나의 앞길이 열리는 기회가 되었다. 예수님은 길이 막힌 자에게 길이 돼 주시고, 꿈이 막힌 자에게 대로를 열어 주신다. 하나님 아버지에게 가는 길도 오직 예수님만이 길이 되신다.

예수께서 이르시되 내가 곧 길이요 진리요 생명이니 나로 말미암지 않고는 아버지께로 올 자가 없느니라 /요한복음 14:6

나는 지난날의 경험을 통해 예수님은 항상 더 좋게 하시는 분임을 깨달았다. 예수님은 비록 내가 서툴러도 끝까지 인생의 퍼즐을 맞춰 주시며, 나의 가는 길을 조정하신다.

서툶 때문에 선택이 바뀌거나 사람을 포기하지 않으신다.

예수님과 함께했었던 제자들을 한번 살펴보자. 잠시 후면 당신의 제자들이 다 도망갈 것을 아시면서도 주님은 그들의 발을 씻어 주셨다. 그것도 십자가를 지고 돌아가시기 직전이었다. 심지어 뻔뻔스럽게 주님을 모른다고 거짓말을 할 베드로에게는 "내가 너를 위하여 네 믿음이 떨어지지 않기를 기도하였노니 너는 돌이킨 후에 네 형제를 굳게 하라"(누가복음 22:32)고 말씀하셨다. 그 이야기는 끝까지 베드로와 함께하시겠다는 예수님의 약속이었다. 우리는 누구나 베드로처럼 서툰 인생을 살고 있다. 한마디로 '삑사리' 인생이다.

우리는 직장생활에 삑사리, 수능에 삑사리, 목사로서 삑사

많이 힘드셨죠?

리, 엄마로서 삑사리, 아빠로서 삑사리, 돈 버는 데 삑사리, 타인과의 관계에 삑사리, 온통 삑사리로 가득하다. 이것이 우리 인생 아닌가. 완벽한 사람은 아무도 없다. 모두 한 군데 이상은 삑사리가 난다. 모두가 이러하니 누가 누구를 탓하거나 정죄할 수 있을까? 그저 나의 서툶이든 남의 서툶이든 서로 이해하면서 격려하며 살아갈 수밖에….

## 삑사리 인생

삑사리 나는 인생
죽고 싶고 숨고 싶고
그래도 시간이 지나보니
또 살고 싶고 노래하고 싶고

삶의 무대 위에 서 있는
우리는 모두 삑사리 인생

인생을 다시 배웠네

그 무대 위에서

겸손을 다시 배웠네
그 무대 위에서

주님이 다시 노래하라네

## 오늘의 위로엽서

1. 실수해도 괜찮아요. 못할 수도 있어요!
2. 서툰 인생, 위로하며 가세요.

많이 힘드셨죠?

# 과거를 털어 버리세요

내가 아이를 갖지 않겠다고 서원한 것은 교회를 다닌 지 일 년밖에 되지 않았을 때의 일이다. 나는 그분이 살아 계시다는 것을 분명히 알겠는데, 사람들은 왜 모르는지 이해되지 않았다. 재수생이었지만 공부보다는 그런 생각이 온통 내 마음을 지배했고 틈만 나면 전도했다.

사기를 당해 전 재산을 잃은 아버지는 삶의 의욕이 전혀 없으셨다. 전도가 쉽지 않았다. 그런데 노래를 좋아하시는 아버지를 위해 찬송을 계속 틀어 드렸더니, 아버지의 마음이 움직이기 시작했다.

'인생길 험하고 마음 지쳐 살아갈 용기 없어질 때, 너 홀로 앉아서 낙심치 말고 예수님 품으로 나아오시오. 예수님은 나의 생명 믿음 소망 사랑되시니, 십자가 보혈 자비의 손길로 상처 입은 너를 만지시리!'

아버지는 처음에는 시끄럽다고, 끄라고 하시더니, 나중에는 노래가 좋다며 끄지 말고  켜놓으라고 하셨다. 어머니도 아버지께서 교회에 다니시니 따라서 나가기 시작했다.

한번은 내가 담임목사님께 심방을 부탁드렸는데 기꺼이 낮 시간에 약속을 잡아 주셨다. 그런데 어머니가 그 심방이 얼마나 귀한지 모르고 외출을 해버렸다. 담임목사님과 여선교회 회원들이 함께 우리 집에 심방을 오셨다. 나 혼자서 심방을 받으려니 쥐구멍이라도 들어가고 싶은 심정이었다. 저녁에 어머니와 담임목사님께서 통화를 하셨다. 자식들 핑계를 대며 외출을 합리화하는 어머니 모습에 크게 실망했다. 그때 나는 어머니 대신 회개하는 마음으로 삼 일 동안 금식기

많이 힘드셨죠?

도를 했다. 그리고 평생 아기를 갖지 않고 하나님을 섬기겠다고 서원했다.

어머니는 나중에 신앙이 깊어지신 다음, 자신이 하신 일을 회개하셨다. 그런데 나는 이 과정 속에서 하나님은 결단코 우리의 실수를 어둠 속에 남겨 두지 않으신다는 것을 깨달았다. 그로부터 3년 뒤에 나는 결혼했고 남편은 갑자기 병을 앓아 아기를 가질 수 없게 되었다. 나는 나 때문에 남편에게 이런 일이 생긴 것 같아 두렵고 미안했다. 내가 그 당시 충동적으로 결심한 것은 아닌가 하고 생각도 해보았다.

돌아보면 하나님께서 일하시는 순서는 기이하고 놀랍다. 하나님은 완벽한 계획으로 일하신다. 만일 내가 미리 서원하는 과정이 없었다면, 나중에 남편이 자녀를 가질 수 없었음을 알았을 때 얼마나 슬퍼하고 힘들어했을까! 하지만 모든 것을 앞서 보시는 하나님은 우리에게 부족함이 없으시다. 성경에 나오는 이삭 이야기는 그것을 충분하게 설명해 준다.

과거를 털어 버리세요

이삭이 흉년으로 브엘세바를 떠나 타향에서 산 적이 있었다. 그는 사람들이 무서워, 아리따운 아내 리브가를 누이라고 속였다. 어느 날 블레셋왕인 아비멜렉이 두 사람이 껴안고 있는 모습을 창 너머로 보았다. 이삭이 아비멜렉의 얼굴을 보고 얼마나 부끄럽고 창피했을까?

망신도 이런 망신이 없다. 그런데 하나님은 이런 이삭을 야단치지 않으셨다. 이방인에게 톡톡히 망신을 당하고 욕을 먹은 이삭은, 뼈저리게 자신의 거짓을 회개했을 것이다. 하나님은 당신의 자녀를 두 번 부끄럽게 하지 않으신다. 하나님은 이삭의 넘어짐을 이후에 한 번도 언급하지 않으셨다. 오히려 이삭에게 그 땅에서 열 배도 아닌 백 배의 추수를 거두게 하셨다. 이삭은 목축을 하는 사람이지 농사를 짓는 사람이 아니다. 이것은 분명히 하나님이 이삭에게 주신 복이다.

우리가 이삭처럼 큰 죄를 지었어도 주님이 용서하셨으면 다 끝난 일이다. 우리는 그것을 마음으로 믿고 과거를 완전히 털어내야 한다. 그래서 십자가가 은혜이며 좋은 것이다. 하나님이 더 이상 묻지 않으신다. 하나님은 이삭을 위해 복을 거두지 않으셨고, 아버지 아브라함에게 했던 약속을 완전히 이행하셨다.

이삭은 약속을 지키시는 하나님을 믿기에 한 번도 결과를 두고 부정적으로 말하지 않았다. 시간이 지나면 우리는 알게 된다. 하나님의 백성은 끝이 더 좋다는 것을 말이다. 이런 결말을 알기에 이삭처럼 자신감이 넘친다.

그는 나쁜 그랄 목자들에게 우물물을 빼앗겼지만, 더 좋은 샘의 근원을 얻었다(창세기 26:19). 이삭이 땅을 파면 깊은 곳에서 시원한 생수가 올라왔다.

민수기에 "우물물아 솟아나라"(민수기 21:17)라는 말이 있는데, 우리도 이런 복을 받아야 한다. 마음에도 시원한 물이 솟아오르고 가정에도 시원한 물이 솟아 올라와야 한다.

과거를 털어 버리세요

이삭이 또다시 우물을 빼앗겼을 때 이번에는 하나님께서 더 넓은 곳으로 옮겨 주셨다. 거기서 이삭의 사업은 훨씬 더 번성했다(창세기 26:22).

이것을 안 아비멜렉왕은 이삭에게 평화조약을 맺자고 했다. 아비멜렉이 누군가! 이삭을 시기하여 자기 땅에서 쫓아냈던 사람이 아닌가! 사실 국가나 민족 사이엔 인격이라는 것이 존재하지 않는다. 오직 힘만이 존재할 뿐이다. 이삭이 강해지니 왕 아비멜렉이 수그리고 들어온 것이다.

하나님께 복을 받으면 이러한 증거들이 나타난다. 재판에서 이기려면 증거가 확실해야 한다. 우리도 예수님을 잘 믿으면 점점 더 확실한 증거를 소유하게 된다. 그러면 이왕이면 다홍치마라고 예수님을 전하기도 좋다.

그런데 여기서 우리가 꼭 알아야 할 한 가지가 있다. 이삭이 인격이 좋아서 물이 솟아난 것이 아니다. 다른 사람이 파면 물이 나오지 않는데, 그가 파면 엄청난 양의 물이 쏟아졌다. 마찬가지로 아비멜렉왕이 화친을 맺자고 한 것도 이삭이 온유해서가 아니다. 성경에는 딱 한 가지 이유만 쓰여 있다.

많이 힘드셨죠?

너는 우리를 해하지 말라 … 이제 너는 여호와께 복을 받은 자니라

/창세기 26:29

하나님이 누군가에게 복을 주시면 그대로 되고야 만다. 신앙생활에 인격도 중요하지만 하나님의 언약이 더 중요하다. 물론 인격이 안 되면 야곱처럼 평생 고생을 한다. 그러나 이삭처럼 인격적이든 그의 아들 야곱처럼 인격적이지 않든 이삭과 야곱을 둘 다 축복하셨다.

하나님의 자녀는

가지나무에도
수박이 열린다.

과거를 털어 버리세요

## 오늘의 위로엽서

1. 십자가는 '과거를 묻지 마!'입니다.

2. 당신도 예수님 믿고 과거를 털어 버리세요.

많이 힘드셨죠?

# 마음에 일어난 천지창조

어린 시절 나는 예술적인 기질이 있었지만 부끄러움이 많아 사람을 만나는 것이 두려웠다. 친척들이 집에 오시면 밖에 나가 있거나, 아예 방에서 문을 잠그고 나가지 않았다. 명절에 어머니께서 나오라고 내 방문을 두드리시면 아무렇지 않은 척 나와서 사람들과 어울렸다.

노래도 하고 춤도 추며 태생적으로 가지고 있던 끼들을 맘껏 발산했지만, 매번 사람들 앞에 서 있는 것은 힘이 들었고 스트레스도 많이 받았다. 친구도 없고 사귈 줄도 몰라서 우두커니 홀로 앉아 사물들을 보며 상상하는 것, 그것이 어린 시절 내 모습이다.

그러다가 초등학교 5학년 때, 수줍고 평범한 나를 바꾼 사건 하나가 일어났다. 어느 날 담임선생님이 나를 집으로 부르더니 눕혀 놓고 몸을 더듬고 만지기 시작했다. 수치심, 두려움 등 마음의 불편함으로 어쩔 줄 몰라 하는 나에게 그는 "에이, 아무것도 없네" 하면서 집으로 돌아가라고 했다. 어리고 성숙하지 못한 내 몸이 불만스러웠던지 그는 나를 대문 밖으로 내몰았다. 지금 생각하면 참 다행스러운 일이다.

나는 집으로 가는 길, 물감을 풀어 놓은 듯한 파란 하늘을 보면서 이렇게 속삭였다.
"개새끼!"

다음날부터 선생님은 내 입을 막으려고 틈만 나면 이유 없이 각목으로 옆구리를 찌르거나 때렸고, 심지어 가슴을 발로 걸어차서 멀리 나가떨어지기까지 하였다. 그런데 맞는 것보다 더 힘들었던 것은 쉬지 않고 나에게 퍼부었던 수치심을

많이 힘드셨죠?

느끼게 하는 말들이었다. 만 열 살인 내가, 그 수치심 때문에 스스로 '쓸모없는 사람'처럼 느끼고, 그래서 정말 '죽어야만 할 것 같다'고 생각했다는 것이 놀랍지 아니한가! 세상은 정죄로 넘치고 넘친다.

나는 '잘못은 선생님이 해놓고 왜 나를 이렇게 괴롭히나' 하고 생각했다. 하지만 어린 나는 아무 말도 할 수가 없었다. 몸도 때리고 마음도 때리니 학교에 가면 정신이 하나도 없었다. 나는 이렇게 생각했다. '선생님이 많이 괴로운가 보다.'

사람은 자신을 좋아하면 남도 좋아하고 자신을 싫어하면 남도 싫어한다. 선생님은 자신을 정죄하는 마음만큼 나에게 온갖 부끄러움을 주었다. 트집 잡기, 말꼬리 잡기, 까발리기, 같은 말 자꾸 하기, 비난하기 등이었다. 이것을 한마디로 줄이면 '정죄'라고 한다. 선생님이 나를 싫어하니 아이들도 나를 멀리했다. 점심시간에 나와 밥을 먹으려는 아이는 단 한 명도 없었다. 참 힘이 들었다.

선생님은 종종 어떤 이유라도 만들어서 교실 밖 복도로 나

마음에 일어난 천지창조

를 내보내어 벌을 세웠다. 나는 복도에서 무릎을 꿇고 있는 게 훨씬 마음이 편했다. 그런데 어느 때부터인가 걷잡을 수 없이 불안하고 불쾌한 감정이 내 마음을 괴롭혔다. 학교에 가지 않는 날도 공포에 가까운 수치심과 두려움으로 초주검이 되고 감정이 수시로 요동을 쳤다. 하지만 누구에게도 내 마음에서 일어나는 일을 한마디도 말하지 않았다. 그렇게 고통스런 일상 중에 어떤 치유가 일어나는 중요한 경험을 하게 되는데, 그것은 잠시 후에 이야기를 나누도록 하겠다.

중학교에 가서 나의 소심한 성격이 바뀌기 시작했다. 그것은 친구들 때문이었다. 처음으로 나를 좋아하는 친구들이 생겼고, 그것이 너무 신기하게 느껴졌다. '나를 좋아한다고? 그게 말이나 돼? 어떻게 그게 가능하지?' 하는 생각이 들고, 이런 현실이 믿어지지 않았다. 너무 좋았다. 처음으로 학교에 가는 것이 행복해졌다. 사람들이 나를 좋아하고 사랑해 주자, 내 삶이 의미 있게 느껴졌다.

하지만 고등학교에 가서는 친한 친구들과 헤어져 홀로서

많이 힘드셨죠?

기를 해야 했다. 친구들이나 선생님에게 다시 인정받고 칭찬받고 싶었지만, 쉽지가 않았다. 어느 때는 너무 잘하려고 하다가 강박감으로 거의 혼이 나가 버리는 것 같았다. 나는 고등학교 시절 열등감과 교만함이라는 두 개의 정거장에서 왔다 갔다를 반복했다.

그러다 대학 시험에 떨어지면서 교회를 찾게 되었다. 미션스쿨을 다닌 경험 때문이었다. 채플시간에 억지로 몇 번 들어갔었는데, 힘든 시간이 오니 나도 모르게 교회에 나가게 되었다.

교회에 나간 첫 날,
내가 복음을 듣고
십자가를 바라보는데

마치 누군가 내 마음에 들어와서
스위치를 켜 주는 것 같았다.

마음에 일어난 천지창조

밝은 빛이 어두운 마음속에 들어오자 눈이 커진 것인지, 세상이 커진 것인지 모든 것이 다르게 보였다. "하나님은 빛이시라"(요한일서 1:5). 하나님은 빛으로 나를 재창조하셨다.

미국 사람들이 부르는 찬송 중에 천지창조에 관한 것이 있다. '모닝 해즈 브로큰'(Morning has broken)이라는 찬송인데, 어린아이들이 주로 부르는 주일학교 찬송이다. 하지만 나중에 캣 스티븐스라는 사람에 의해 빌보드 차트 2위까지 오른 팝송이 되었다.

Morning has broken, like the first morning
아침이 깨어났어요. 태초의 아침처럼
Blackbird has spoken, like the first bird
새가 노래를 해요. 태초의 새처럼
Praise for the singing, praise for the morning
아름다운 지저귐, 놀라운 아침
Praise for the springing, fresh from the world
세상을 여는 약동에 주님을 찬송해요.

많이 힘드셨죠?

이 가사는 창세기 1장을 노래하는 아름다운 시이다. 이 노래처럼 내 마음에도 '새 아침'이 찾아왔다. 내 안에 새 하늘과 새 땅이 임했다. 그리고 나는 그 주일에 어둡고 좁은 '나'라는 동굴에서 나올 수 있었다.

지구가 태양을 바라보며 웅장하게 움직이듯, 내 속사람이 하나님의 생명을 뿜어내기 시작했다. 대지가 새싹들을 빛 앞으로 내어보내듯 나는 예수님에게서 빛을 공급받았다. 그때 내 영혼은 죽음의 잠에서 깨어났고 새롭게 태어났다.

너희는 이 세대를 본받지 말고 오직 마음을 새롭게 함으로 변화를
받아 하나님의 선하시고 기뻐하시고 온전하신 뜻이 무엇인지 분별
하도록 하라  /로마서 12:2


또한 너희가 이 시기를 알거니와 자다가 깰 때가 벌써 되었으니 이
는 이제 우리의 구원이 처음 믿을 때보다 가까웠음이라 밤이 깊고
낮이 가까웠으니 그러므로 우리가 어둠의 일을 벗고 빛의 갑옷을
입자  /로마서 13:11-12


이 경험은 단순히 마음이 편안하거나 행복한 느낌 같은 것
이 아니었다. 완벽한 평화가 나를 채우고 나의 몸과 마음이
깨끗이 정화되었다. 그날부터 밤마다 성전에 가서 철야하며
나를 구원하신 예수님께 찬송을 올려 드렸다.

나는 그동안 한 번도 하나님께 '감사'를 해본 적이 없었다.
그런데 그날 처음으로 주께 감사할 때, 온갖 나쁜 것들이 나
에게서 떠나갔다. 그때 나는 감사가 사람의 마음을 가장 편안
하고 행복한 상태로 돌아가게 한다는 것을 깨달았다. 하나님

많이 힘드셨죠?

은 그날 내가 주님을 찬송할 수 있도록 나를 거룩하게 재창
조하셨다.

## 오늘의 위로엽서

1. 어둠에 시달리는 당신, 하나님의 빛을
   초청하세요.
2. 'Morning has broken'을 들어보세요.

'Morning has broken'
곡을 들어보세요.

# 교실보다 자연

　　　　　　　　　　힘들 때 떠올리면 마음이
평안해지는 장소가 있다. 누구나 그런 곳 한두 군데가 있을
것이다.

　초등학교 때 학교에 마음을 붙이지 못했던 나는 이따금 땡
땡이를 쳤다. 땡땡이를 칠 때 제일 무서운 것은 길에서 엄마
친구를 만나는 것이었다. 그래서 주로 사람들이 없는 기찻길
이나 만화방 같은 곳을 다녔다. 그러다 어느 눈부시게 아름
다운 봄에 혼자서 동네의 뒷동산에 올라갔다.

　청보라색 봄꽃들이 가득 피어 있는 동산 위로 하얀 구름이

172

많이 힘드셨죠?

흘러가는데, 정말 숨이 턱하고 막히는 것 같았다. 풍경이 고와서 눈물이 난 건지, 아니면 교실에 있지 못하고 밖으로 떠돌아다니는 내 신세(?)가 슬퍼서 그랬는지 잘 모르겠다. 하지만 그 시간, 어린 소녀의 뺨에 자꾸만 눈물이 흘러내렸다. 그때 노랑나비 하나가 얼굴 주변으로 날아와서 뱅글뱅글 돌았고, 나는 그것을 보며 미소도 짓고 웃기도 했다. 그 나이에 풀어야만 하는 모든 감정이 그 시간에 다 흘러나왔다.

그날 교실에서 공부하는 것보다 더 중요한 '마음의 치유'가 일어났다. 어린 소녀는 초등학교에서 일어나서는 안 되는 것들을 경험했다. 어둠이 가득한 교실에 있던 나를, 하나님 아버지께서 나의 작은 손을 붙잡고 데리고 나가셨다.

하나님의 빛이 가득한
정직한 자연 속에서
나의 마음을 어루만지셨다.

그 시간에 마음의 혼란스러움이 씻어지고 기쁨이 돌아왔다.

교실보다 자연

지금 추억해 보면, 하나님이 어린 나를 위해 '아름다운 선물'들을 타임머신처럼 미리 보내 주셨다고 생각한다. 세 살 때 본 반짝이는 모자 장식, 초등학생 때 본 노랑나비 그리고 청보라색 꽃이 가득했던 뒷동산….

　이런 경험이 과연 나에게만 있었을 것으로 생각하지 않는다. 추억해 보라. 하나님께서 당신이 가장 외롭고 힘들었을 때 앞서 보내 주셨던 그런 위로의 선물들 말이다. 그때 그 선물을 보내 주신 분이 하나님이셨다는 것을 누군가 알려 주었다면, 나는 그날로 교회에 나갔을 것이다.
　어떤 사람은 수도 없이 많은 상황 속에서 하나님이 부르시지만 깨닫지 못한다. 좋은 일들이 일어났음에도 불구하고 하나님께 한 번도 감사하지 못한다. 모든 것이 우연이라고 생각한다. 이제 하나님을 그만 기다리시도록 하라! 당신이 받은 모든 좋은 것이 하나님 아버지에게서 왔다.

　당신은
선택받은 하나님의 자녀 아닌가!

교실보다 자연

온갖 좋은 은사와 온전한 선물이 다 위로부터 빛들의 아버지께로부터 내려오나니 그는 변함도 없으시고 회전하는 그림자도 없으시니라 /야고보서 1:17

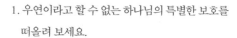

### 오늘의 위로엽서

1. 우연이라고 할 수 없는 하나님의 특별한 보호를
   떠올려 보세요.
2. 하나님의 절대적 보호가 필요한 당신, 하나님께
   도움을 요청하세요.

많이 힘드셨죠?

# 공간 이동

        나는 고등학교 시절에 늘 악몽을 꾸었다. 누군가 밑에서 계속 쫓아오고 나는 위로 올라가며 도망을 쳤다. 키가 잘 닿지도 않는 천장을 뜯고 올라가면 또 다른 천장이 나의 앞을 막았다. 밖으로, 공중으로 나가고 싶어도 나갈 수가 없었다. 잠을 자고 일어나도 몸과 마음이 개운치 않았다. 꿈은 자기가 꾸고 싶다고 꾸는 게 아닌데 나는 왜 매일 똑같은 꿈을 꾸는지 알 수가 없었다. 나는 이 지긋지긋한 꿈에서 벗어나고 싶었지만 벗어날 길이 없었다.

    그런데 고등학교를 졸업하고 교회를 간 첫날부터 다시는 그 악몽을 꾸지 않았다. 그 어떤 존재가 나를 자신의 노예라고 생각하여 꿈과 현실의 국경 없이 드나들며, 어려서부터 나를 괴롭혔다. 하지만 내 안의 주인이 바뀌었을 때부터 더 이상 나를 학대할 수가 없었다. 그의 이름은 사탄이고, 공중의 권세 잡은 자이다.

> 그는 허물과 죄로 죽었던 너희를 살리셨도다 그때에 너희는 그 가운데서 행하여 이 세상 풍조를 따르고 공중의 권세 잡은 자를 따랐으니 곧 지금 불순종의 아들들 가운데서 역사하는 영이라 /에베소서 2:1-2

성경은 우리가 '공중의 권세 잡은 자'를 따라가고 있으며, 그는 하나님을 믿지 않는 사람들 속에서 역사하는 영이라고 설명하고 있다. 하지만 세상 사람들은 그에 대해 잘 알지 못한다.

그저 영화 속에서나 마귀의 실체를 인정할 뿐이다. 하지만 그는 상상이 아닌 실재이다. 내가 경험한 악몽 정도가 아니라 현실에서 우리의 마음을 조종하고 학대한다. 매일 인간들을 괴롭히고 하나님께서 만드신 지구를 망가뜨리고 더럽히

많이 힘드셨죠?

고 있다. 대기권 아래 사는 지구의 모든 사람들은, 그의 손아래에서 하루는 이렇게, 하루는 저렇게 끝도 없이 휘청거리며 죄를 짓고 있다.

몇 해 전 어느 여고생을 만났는데, 자신의 손목을 나에게 보여 주었다. 이 학생은 자다가 '손목을 그으라'는 소리를 듣게 되었다. 그녀는 무의식적으로 서랍을 열고 연필 깎는 칼로 자신의 손목을 그었다. 잠에서 깨어 보니 손목에서 피가 흐르고 있었다.

당신은 이것이 누구의 소리였다고 생각하는가! 예수님은 그 학생이 예수님의 이름으로 기도할 때, 악한 자를 그 속에서 내쫓아 주셨다.

수년 전 이화여자대학교 교수와 그의 딸을 만난 적이 있다. 딸은 초등학교 때부터 대학생이 되도록 밤에 잠을 자지 못했다. 이유는 밤마다 친할머니의 모습으로 둔갑을 한 귀신이 나타나 아이를 괴롭혔기 때문이다. 아이가 불을 끄고 잠이 들려고 할 때, 항상 몸을 타고 앉아 목을 조르는 것이었다.

나는 교수님에게 한 가지 요청을 했다. 대학 축제 때 학생들이 돼지머리에 절을 하고 제사를 지낸다는 얘기를 들었는데 그것을 막아 달라고 했다. 교수님은 용기 있게 그것을 막아냈고 딸은 예수님이 직접 고쳐 주셨다. 지금 그 딸은 축복을 받아 국제 변호사로 활동하고 있다.

교회 개척 초기에 무당인 어머니를 둔 학생이 교회에 나왔다. 그때는 교인 수가 적어서 모든 학생들의 집마다 직접 찾아갔다. 자매가 어머니를 만나 달라고 하여 집을 방문했다. 처음엔 어머니가 엄청 환영하더니, 막상 기도를 하려고 하니까 내 팔을 잡고 가로막았다. 같이 따라간 교수들은 겁을 먹고 벽에 엉거주춤 서 있었다. 그래도 내가 밀어붙여 예수님의 이름을 부르며 기도했다. 그때 그녀의 눈이 돌아가고, 입에서 더러운 거품들이 쏟아져 나오고 큰 소리를 지르며 귀신이 떠나갔다. 이 여인은 다시는 점을 치지 못했다.

지금까지 예를 든 이 모든 것들이 공중의 권세 잡은 자의

많이 힘드셨죠?

소행이다. 한마디로 그의 지배 아래에서 일어나는 일들이다. 무서운가? 그럴 필요 없다.

하나님의 자녀가 된 우리는 하나도 걱정하지 않아도 된다.

단, 무당처럼 초자연적인 그런 증상이 없었어도, 우리 모두가 비인격적이고 더러운 그의 수하에 있었다는 사실에 놀랄 뿐이다. 하지만 주님이 우리를 보호하고 그를 우리 속에서 내쫓아 주시면서 그의 지배에서 완전히 벗어났다는 것을 기뻐해야 한다.


내가 오래 목회하면서 알게 된 한 가지 중요한 사실이 있다. 돈으로 해결할 수 있는 문제는 문제도 아니라는 것이다. 이 세상에 사탄 마귀로 인해 발생하는 죄와 저주의 문제만큼 근원적이고 큰 문제가 없다. 그런데 그것을 해결할 수 있는 유일한 길은 오직 그리스도 예수밖에 없다.

> 다른 이로써는 구원을 받을 수 없나니 천하 사람 중에 구원을 받을 만한 다른 이름을 우리에게 주신 일이 없음이라 하였더라
>
> /사도행전 4:12

동남아시아에 가보면 천장에 매단 실을 자신의 손목에 연결하고 우상에게 기도하는 사람들을 볼 수 있다. 얼마나 무지하고 위험한 행동인가!

여기서 알아야 할 중요한 사실은 이것이다. 우리가 우리를 구원하시는 예수님께 속해 있지 않으면, 공중권세 잡은 자의 지배와 영토 안에 있게 된다. 사탄 마귀와 연결되지 않은 것이 아니다. 우리가 가진 진리는 하나뿐이다.

《감옥에서 온 편지들》을 쓴 코리 텐 붐 여사의 말이 생각난다.

"독일의 베를린 장벽이 지어지기 전, 서베를린 사람들이 경계선을 넘어 동독 영토의 숲에서 놀다가 붙잡혀 체포를 당했습니다. 그들은 '그냥 장난 삼아 들어간 것뿐이에요'라고 말해 보았지만 소용이 없었습니다. 적의 영토에 있다면 적의 세력 아래 있는 것입니다."

마귀에게서 해방되는 길은
예수님께 가는 것뿐이다.

그러므로 아들이 너희를 자유롭게 하면 너희가 참으로 자유로우리라 /요한복음 8:36

혹시 죽음이 코앞에까지 와서 숨이 턱 있는 곳까지 차오르는가? 아무것도 두려워하지 말라.

우리는 예수님께서 십자가에서 뚫어 준 길을 따라, 곧바로 하나님 나라로 올라가면 된다. 대기권을 뚫고 올라가는 로켓처럼 성령의 힘을 의지하여 천국까지 가면 된다.

이 세상에 사는 동안은, 예수님이 말씀하신 좁은 길에서 벗어나지 말라고 하셨으니, 어떤 핍박이 있어도 말씀에서 벗어나지 말아야 한다. 잠시 후면 만나 뵙게 될 하나님 아버지를 배우자! 천국의 문화인 믿음, 소망, 사랑을 배우면서 예수님을 배우자! 우리는 예수님처럼 이곳에 속하지 않았다.

내가 아버지의 말씀을 그들에게 주었사오매 세상이 그들을 미워하였사오니 이는 내가 세상에 속하지 아니함같이 그들도 세상에 속하지 아니함으로 인함이니이다 /요한복음 17:14

183

공간 이동

우리는 천국 백성이다. 자랑스러운 여권과 비자 자격이 우리에게 있다. 비자에 성령의 도장을 받았다면 나그네 청산의 날까지 잘 가지고 있어야 한다. 천국으로 공간이동을 할 때까지 이 사랑을 잘 간직해야 한다.

> 너는 나를 도장같이 마음에 품고 도장같이 팔에 두라 사랑은 죽음 같이 강하고 질투는 스올같이 잔인하며 불길같이 일어나니 그 기세가 여호와의 불과 같으니라 많은 물도 이 사랑을 끄지 못하겠고 홍수라도 삼키지 못하나니 사람이 그의 온 가산을 다 주고 사랑과 바꾸려 할지라도 오히려 멸시를 받으리라 /아가 8:6-7

우리는 천국에 들어가는 죽음의 사후 시간이 인생 최고의 시간임을 알아야 한다. 밭에서 보물을 발견한 후 때를 기다리는 사람처럼 말이다.

> 천국은 마치 밭에 감추인 보화와 같으니 사람이 이를 발견한 후 숨겨 두고 기뻐하며 돌아가서 자기의 소유를 다 팔아 그 밭을 사느니라 /마태복음 13:44

많이 힘드셨죠?

나는 영광스러운 그 시간에 이렇게 천국으로 올라갈 것을 상상한다. 파란 하늘에 은빛의 광채를 내면서 비행기가 올라가듯, 내 영혼이 이 땅에서 천국으로 공간을 이동하리라 생각한다. 설사 공중의 마귀와 귀신들이 나를 붙잡으려 더러운 손을 휘저어도, 그들의 손목을 뿌리치고 힘차게 올라갈 것이다. 예수님이 만드신 좁은 그 길을 벗어나지 않고 믿음으로 천국까지 안전하게 올라가리라. 그때 마귀의 한숨 소리가 내 뒤에서 이렇게 들릴 것 같다. "헐! 뚫고 나가네? 아~ 놓쳐 버렸네!"

　이것은 허구가 아니다. 매우 중대한 일이다. 우리는 이 땅에서 사는 동안 내가 천국에 갈 것인지, 지옥에 갈 것인지 결정해야 한다. 공간 이동이야말로 당신이 해야 할 일생 최대의 결정이다. 예수 믿고 꼭 천국 가시라! 이것은 잠깐 머무는 군대나 결혼생활보다 훨씬 길고도 중요한 영원의 선택이다.

　예수 안에 구원이 있고, 예수 밖에는 구원이 없다.
　당신과 당신 가족은 꼭 천국에서 모두 만나야 한다.

이르되 주 예수를 믿으라 그리하면 너와 네 집이 구원을 받으리라

/사도행전 16:31

### 오늘의 위로엽서

1. 두려워 마세요. 죽음은 믿는 자에게 천국으로
   가는 공간 이동일 뿐이에요.
2. 천국 가는 길은 예수님뿐입니다.

많이 힘드셨죠?

# 하늘나라 대사님

　　　　　　　　　남편의 다리에 이상이 생
겼다. 다리에 경련이 일어나고 감각에도 이상이 생겨 뜨겁고
차가운 것을 잘 분별하지 못했다. 걷는 것도 쉽지 않아서 휠
체어를 타기 시작했는데, 병원에 가서 진단해 보니 신경계
통의 불치병이라고 했다. 중추신경에 마비가 오고 죽을 수도
있다는데, 내가 할 수 있는 것은 아무것도 없었다. 남편이 병
원에 있는 동안 나는 산으로 올라가 부르짖어 기도했다. 머
리로는 걱정이 되면서도 마음은 비현실적으로 평안했다. 마
음 깊은 곳에서 빛이 올라오는 느낌이 들었다.

　하나님은 내가 가장 힘든 시기에 낮에는 말씀을 통해 음성

을 주시고 밤에는 꿈으로 약속들을 확증해 주셨다.

어느 날 꿈속에 누군가 나를 데리고 중동 땅의 사막으로 가서 장미 모양의 돌멩이를 허리에 묶어 주었다. 또 어느 날엔 다양한 인종의 젊은이들이 전 세계에서 모여 호수에서 목욕을 하는 모습을 보여 주었다.

남편은 다 죽게 생겼는데 나는 지금 무슨 황당한 꿈을 꾸고 있나 하고 스스로 생각했다. 그런데 그 후 믿기 어려운 일들이 일어나기 시작했다. 사우디아라비아에서 선교하고 목

많이 힘드셨죠?

회하는 일에 제의가 왔다. 그것을 남편과 나누었을 때 그가 중학교 때 선교사가 되겠다고 서원했었다고 말했다. 이 고백을 남편에게서 듣고 마음이 확실히 굳어졌다.

하나님의 의지로 하시는 일이라 우리는 즉시 순종해야 했다.

휠체어를 싣고 우리는 열사의 나라 사우디아라비아로 떠났다. 의사도 가족도 다 반대했지만 하나님과의 약속은 목숨을 걸고 지켜야 한다고 생각했다. 하나님은 신실하셔서 그곳에 도착한 지 얼마 되지 않아서 남편의 건강은 회복되었다. 나중엔 축구까지 할 수 있을 만큼 다리의 신경이 돌아왔다.

하나님의 인도하심은 정말 놀랍다. 사우디아라비아에는 해외 반출이 금지된 국보석이 있는데, 나중에 그곳에 가서 보니 꿈에서 본 장미 모양과 똑같았다. 보고도 믿기 어려울 만큼 주님은 우리의 길을 완벽하게 인도하신다.

여호와께서 사람의 걸음을 정하시고 그의 길을 기뻐하시나니

/ 시편 37:23

하나님은 이렇게 우리에게 정해 주신 길을 걸어가게 하시고, 우리가 하늘나라 상급을 많이 받도록 상황을 움직이신다.

당시 선교에 대해 받은 말씀은 이사야 54장 1-17절이다. 평생 그 말씀을 붙잡고 선교하고 있다. 이 말씀은 예수님과 장막터인 교회를 위한 예언이지만 동시에 내가 가야 할 성령님의 명령이요, 선교의 길이었다.

> 잉태하지 못하며 출산하지 못한 너는 노래할지어다 산고를 겪지 못한 너는 외쳐 노래할지어다 이는 홀로 된 여인의 자식이 남편 있는 자의 자식보다 많음이라 여호와께서 말씀하셨느니라 네 장막터를 넓히며 네 처소의 휘장을 아끼지 말고 널리 펴되 너의 줄을 길게 하며 너의 말뚝을 견고히 할지어다 … 너 곤고하며 광풍에 요동하여 안위를 받지 못한 자여 보라 내가 화려한 채색으로 네 돌 사이에 더하며 청옥으로 네 기초를 쌓으며 홍보석으로 네 성벽을 지으며 석류석으로 네 성문을 만들고 네 지경을 다 보석으로 꾸밀 것이며 네 모든 자녀는 여호와의 교훈을 받을 것이니 네 자녀에게는 큰 평안이 있을 것이며 너는 공의로 설 것이며 학대가 네게서 멀어질 것

사우디아라비아에서 우리는 유치원으로 위장한 트레일러
에서 예배를 드렸다. 그리고 그곳 사람뿐 아니라 다국적의 사
람들을 대상으로 선교 활동을 했다.

교회도 한국인뿐 아니라 십여 개국 사람들이 함께 모여 예
배를 드렸다. 우리는 성경책을 비밀리에 들여와서 곳곳마다
뿌리고, 예수님의 생애를 담은 비디오를 복사하여 공공장소
에 뿌리기도 했다. 미국 CCC 본부의 소개로 시작한 일이었
다. 나중에는 아랍기독교방송 케이블을 사서 사우디아라비
아 전역에 기독교방송이 들어오게 했다. 그것은 목숨을 건 극
히도 위험한 미션이었다.

하지만 우리 교회의 모든 성도들은 신변이나 생명을 두려
워하지 않았고 복음 전파에 온 힘을 쏟았다. 물질을 드리는
일에도 어느 누구 하나 아끼는 사람이 없었고 예수님을 그렇
게 사랑할 수 없었다.

그런데 이 일이 종교성에 발각되고 우리 선교 담당자가 체포되었다. 그가 사우디 정보부 감옥에 갇히자 몇몇 성도들은 낙담하고 교회를 떠났다. 하지만 대부분의 교인들은 성경말씀을 붙잡고 요동하지 않았다.

> 만일 그리스도인으로 고난을 받으면 부끄러워하지 말고 도리어 그
> 이름으로 하나님께 영광을 돌리라 /베드로전서 4:16

감옥에 면담을 요청해서 가 보니 선교부장은 믿음으로 의연했고 미소를 잃지 않았다. 하지만 영적 지도자인 우리는 어떻게든 방법을 찾아야 했다.

나는 매일 수 시간씩 골방에서 하나님을 독대하고 기도했다. 그때마다 주님께서 그와 우리 공동체는 전혀 해를 받지 않게 하시겠다고 약속해 주셨다. 우리의 선교도 교민들 사이에 수치가 되지 않을 것이라 말씀해 주셨다. 무엇보다 주님께서는 이번 일이 하나님의 크고 비밀한 방법으로 해결될 것임을 약속해 주셨다.

많이 힘드셨죠?

어느 날 점심식사를 하러 한인식당에 갔는데, 그곳 주인의 딸이 방학을 맞아 식당에 와 있었다. 그녀는 스위스에서 고등학교를 다니고 있었는데, 대화를 나누던 중에 본인이 최근 은혜 받은 이야기를 들려주었다. 미국에서 상원위원의 비서로 있는 로라 자매가 학교에 와서 간증을 했는데 큰 은혜가 되었다고 했다.

나는 그때 하나님의 빛이 나를 인도하심을 느꼈다. 왜냐하면 전날 신문에서 보았던 기사가 떠올랐기 때문이다. 국제종교법이 클린턴 정부에서 발의되어 상원 하원을 통과했다는 내용이었다. 그 법은 종교적인 이유로 박해하는 나라에 대해서는 경제적 외교적 불이익을 주는 법이었다. 손바닥만 한 신문 기사와 앞에 있는 소녀를 연결하는 나의 행동이 상식적으로 보이지 않을 수 있다. 하지만 나는 이것이 '수일 전에 주께서 말씀해 주신 크고 비밀한 일의 시작이 아닐까' 하고 생각했다.


소녀는 나를 위해 스위스의 학교 행정실에서 로라의 이메일을 받아서 나에게 알려 주었다. 나는 로라와 여러 차례 메

일을 주고받았고 로라는 본인이 보좌하는 상원의원과 그의 친구인 또 다른 상원의원에 대해 말해 주었다. 그들은 미국 정치계에서 매우 힘 있는 사람으로, 대통령의 최측근인 것 같은 느낌을 받게 했다. 처음에는 허풍이 아닐까 하는 생각도 했지만, 몇 개월 뒤 실제로 미국의 국무부차관보가 사우디아라비아에 들어오는 것을 보면서 나의 믿음 없음을 회개했다. 'TV 뉴스에서나 듣고 보는 일이 여기서 실제로 일어나는구나' 하고 놀랐다.

미국 국무부차관보는 정치적인 업무들을 보는 중에 특별히 시간을 할애해서 종교성 장관을 따로 만났다. 모든 일은 순조롭게 풀리기 시작했고, 사우디아라비아 역사상 처음으로 우리 교회에 예배가 허락되는 기적이 일어났다. 물론 이것은 비밀스럽게 허락된 일이었다. 하지만 과거 필리핀 사람들이 사우디아라비아에서 성경 공부를 했다는 사실이 발각되자 그들에게 마약 혐의를 씌워서 사형을 시켰던 것을 생각하면 이것은 엄청난 일이었다.

많이 힘드셨죠?

이 모든 과정에 대한 이야기는 사우디 대사님으로부터 들을 수 있었다. 대사님은 우리 사택으로 직접 전화를 걸어 미국 국무부차관보와 사우디 종교성 장관 사이에 있었던 이야기를 들려주었다.

미국 대사가 한국 대사관에 연락을 주어 다 알게 되었다고 했다. 결과적으로 하나님은 우리의 기도를 들어주신 것이다. 이제는 더 이상 사막을 전전하며 도망 다닐 필요가 없어졌다. 그리고 트레일러가 아닌 제대로 된 건물에서 예배를 드릴 수 있게 되었다. 우리는 벨기에 사람들이 쓰던 큰 교육시설 그리고 수영장과 축구장까지 갖춘 건물들을 사용하며 하나님의 크심을 기뻐했다.

그런데 이것이 하나님의 역사의 전부가 아니었다.
하나님은 큰일에만 관심이 있으신 분이 아니라
우리가 놓칠 수 있는 작은 일에도 사랑을 기울이신다.

그 일이 있고 나서 수개월 후에 한국에서 전도 집회를 했다. 그때 사우디아라비아 이야기를 꺼냈는데, 고려대학교를 다니는 한 남학생이 집회 후에 나를 찾아왔다. 아버지가 사우디아라비아에서 일하신다고 하기에 물어보니 사우디 대사라고 했다. 더 놀랐던 것은 "아버지가 예멘에 출장을 가셨다가 풍토병에 걸려 온몸이 마비가 되었습니다. 지금은 한국으로 후송되어 경희대학교병원에 입원 중이십니다"라고 한 것이다. 그러면서 심방을 부탁한다고 했다.

사실 그분은 우리의 선교를 매우 못마땅하게 생각했었다. 그리고 우리 교회를 암암리에 압박했다.

"선교하고 싶으면 사우디를 떠나십시오! 나도 미국에서 총영사하면서 교회를 다녔는데 당신들 같은 사람은 처음 봅니다. 할 수 있다면 교민들을 위해서 빨리 나가 주는 것이 좋습니다" 하며 수위를 높였다. 그런데 하나님은 참 오묘하지 않으신가! 다른 목사도 아닌 내가 그의 아들을 만나 함께 병원 심방을 가게 하시다니…. 하나님의 깊은 생각을 누가 다 헤아릴 수 있을까!

병실 문을 열고 들어갔을 때 그의 눈과 마주쳤고, 그는 함께 있던 친구들에게 그만들 가보라고 했다. 나는 대사의 손을 꼭 잡고 최선을 다해 복음을 전했다. 놀라울 정도로 그는 전과 다르게 판단 한마디 없이 말씀을 겸손히 경청했다. 그 시간에 대사는 예수님을 자신의 개인적인 구주로 영접했다.

"이제는 하늘나라 대사로 예수님을 전하며 사십시오"라고 말했을 때 그의 눈에서 눈물이 흘러내렸다. 그는 어눌한 입술로 이렇게 말했다. 온 몸이 마비된 상태라 그의 발음을 알아듣기 어려웠지만 최대한 나는 그의 음성에 집중했다. "하늘나라 대사는 선교사님 같은 분이 되는 것이고 저는 서기관도 못 되는 사람입니다." 이것이 내가 그와 나눈 마지막 말이었다.

안타깝게도 그는 얼마 지나지 않아 소천하였고, 남편은 그의 가족을 위해 정성을 다해 장례식을 치러 주었다. 그가 살아있을 때, 그의 마지막 길을 배웅하는 사람이 자신이 핍박하던 우리였을 것을 상상이나 했을까? 과연 하나님의 오묘하심을 어느 누가 헤아릴 수 있을까!

네가 하나님의 오묘함을 어찌 능히 측량하며 전능자를 어찌 능히
완전히 알겠느냐 /욥기 11:7

## 오늘의 위로엽서

1. 어떤 고난도 두려워하지 마세요.
2. 당신을 향한 하나님의 완벽하고 특별한
   계획이 있습니다.

많이 힘드셨죠?

# 처음보다 끝이 좋은 사람

나는 야곱처럼 씨름꾼 기질이 있다. 무엇을 원하면 쉽게 내려놓을 줄 모른다. 그래서 피곤할 때가 있다. 이 기질 때문에 덕도 보았지만, 상처도 많이 받았다.

사우디아라비아에서 돌아와서 나는 개척을 하기로 결심했다. 이유는 단순했다. 못 다 한 선교 때문이었다. 남편이 섬기는 교회는 오래되고 컸지만, 그만큼 내가 생각해 온 선교 시스템으로 전환하기가 쉽지 않았다. 청년들도 장년들과 동등하게 리더십을 갖게 하고 창조적인 결정을 제한 없이 펼칠 수 있는 교회를 꿈꿨다.

나는 길에서 그리고 캠퍼스에서 한 명씩 전도를 해 나갔다. 하나님은 사람을 의지하지 말라고 하셨다. 함께 전도하고 개척할 한 사람이 아쉬웠지만, 나는 남편 교회에서 한 사람도 데려오지 않았다. 왜냐하면 주님께서 허락하지 않으셨기 때문이다.

어렵게 컨테이너 박스에서 교회가 개척되었지만 참 행복한 목회를 했다. 처음에는 몇 명밖에 되지 않았던 학생들이 일 년이 되었을 때 하나님의 은혜로 80여 명까지 부흥되었다. 특별히 의과대학 학생들과 기계과 학생들이 리더가 되

어 후배들을 잘 이끌어 주었다. 시간이 지나자 속이 꽉 차오르는 석류 알처럼 성도들의 믿음이 성장하기 시작했다.

깡통교회의 겉모습은 학교 안의 달동네라고 불릴 만큼 초라했다. 겨울에

많이 힘드셨죠?

는 솜이불로 문틈을 막았고, 예배실을 구분하느라 빨랫줄에 천을 걸어 놓기도 했다. 그래도 우리 교회 새가족들은 교회가 원래 다 그런 줄 알고, 모이면 하하 호호 웃음이 떠날 줄을 몰랐다. 새벽부터 밤늦게까지 깡통교회의 불은 성경을 보거나 기도하는 젊은이들로 꺼질 줄을 몰랐다.

어느 날 새벽기도에 필수적으로 참석해야 할 지도자들이 많이 결석했다. 나는 참석한 젊은이들에게 이렇게 설교를 했다.

"지도자가 권위를 잃으면 아무것도 할 수 없고 성도들은 배우지 못하여 쓸모없는 사람이 됩니다. 여러분이 '깨어 있으라' 하신 주님의 명령을 우습게 여기고 순종하지 않은 것은 다 저의 문제입니다. 아무튼 밖으로 나가서 나뭇가지나 매로 쓸 만한 것들을 가지고 오십시오."

젊은이들은 잠시 후 나뭇가지뿐만 아니라 심지어 각목과 같은 것들을 들고 왔는데, 그것으로 본인들이 매를 맞을 것이라고 생각했기 때문이었다.

처음보다 끝이 좋은 사람

"이제 이 매들로 저를 때리십시오. 제가 엎어져 있을 테니 여러분의 못난 지도자를 치십시오. 만일 주저하면 다섯 대, 열 대씩 올라갈 것이니 정해진 수만큼 저를 때리십시오."

울음소리가 깡통교회를 가득 채웠다. 내 등은 피부가 벗겨지고 피가 올라왔다. 다 끝난 후 주혜란 간호과 학생이 들어와 약을 발라 주며 같이 울었다.

지금까지 우리 교회 새벽기도회에 매일 오백 여 명의 성도들이 참여하는 것은 이때의 영적 유산이 계속 내려가고 있기 때문이다.

교회가 견실해지고 더 커지려고 할 때 문제가 발생했다. 당시 교회는 건국대학교 수의과 주차장에 있었는데, 짓고 있던 건물이 완성되면서 '학교 밖으로 나가라'는 통보를 받았다. 사실 따지고 보면 그동안 그곳에 있게 해준 학교에 열 번 스무 번 감사해도 모자란데 이상하게 자꾸 마음에 불평이 올라왔다.

202

"당장 어디로 가야 하지?"

그런데 불교 신자인 어떤 높은 지위의 학교 직원이 우리 교회를 핍박해서 이러한 일이 생긴 것이라는 이야기를 들었다. 나는 분노로 조금씩 판단이 흐려졌다. 결국 내 평생 최악의 선택과 어리석은 행동을 했다. 임의로 학교 내 다른 곳을 택하여 깡통교회를 옮긴 것이다. 이 일로 어려움들이 찾아왔다. 가장 마음이 아팠던 것은 학생들 중 거의 절반이 다른 교회로 떠나 버린 일이었다. 땅이 뭐라고, 건물이 뭐라고 귀한 영혼들에게 상처를 주는 부끄러운 행동을 한 것이다. 그때는 보이지 않다가 시간이 지나면 보이는 것들이 있다. 나의 이런 태도는 '내 것은 하나도 빼앗길 수 없다'는 야곱 같은 욕망에서 나온 것이었다.

형 에서가 야곱을 죽이려던 사건, 외삼촌 라반이 품값을 열 번이나 바꾼 사건, 외동딸 디나가 강간을 당한 사건, 요셉을 잃어버린 사건 등 다 열거할 수 없을 만큼 야곱은 험한 인생길을 걸어왔다.

처음보다 끝이 좋은 사람

내 나이가 얼마 못 되니 우리 조상의 나그네 길의 연조에 미치지 못

하나 험악한 세월을 보내었나이다 /창세기 47:9


세월이 가고 고난을 많이 겪은 뒤에 야곱의 모습은 참 많
이 바뀌었다.


전능하신 하나님께서 그 사람 앞에서 너희에게 은혜를 베푸사 그

사람으로 너희 다른 형제와 베냐민을 돌려보내게 하시기를 원하노

라 내가 자식을 잃게 되면 잃으리로다 /창세기 43:14


야곱처럼 나에게도 이 사건 이후에 많은 변화가 일어났다.
하나님께 모든 것을 맡기는 것, 그리고 내려놓고 기다리는
훈련을 받았다. 그러고 나서 수년 뒤에 하나님은 우리가 다
시 건국대학교로 돌아오는 것을 허락하셨다. 그리고 지금은
트레일러가 아닌 새천년관의 대강당과 세미나실과 식당들을
사용하며 예배를 드리고 있다. 다음의 성경 말씀은 하나님의
은혜가 무엇인지 깨닫게 한다.

요셉이 두 아들을 이끌어 아버지 앞으로 나아가니 이스라엘이 그들에게 입맞추고 그들을 안고 요셉에게 이르되 내가 네 얼굴을 보리라고는 생각하지 못하였더니 하나님이 내게 네 자손까지도 보게 하셨도다 /창세기 48:10-11

하나님은 우리가 자신의 힘이 아니라 하나님의 힘을 의지하기 원하신다. 이렇게 겸손하게 하나님의 빛 가운데 걸어가면 항상 더 좋게 하시는 복을 경험하게 된다. 야곱은 그것을 뒤늦게나마 깨닫고, 씨름꾼이 아닌 평화로운 사람이 되었다. 창세기 49장에서 하나님께 다 맡기고 평안한 여생을 마무리하는 야곱의 모습은 아름답다.

우리는 야곱처럼 하나님을 믿는다고 하면서도 결국은 내 힘으로 살아가는 불신에서 나와야 한다. 야곱은 그렇게 살다가 환도뼈에 큰 상처를 입었다. 그리고 평생 지팡이를 의지하고 살아가야만 했다. 창세기 49장 33절은 하나님 앞으로 돌아가는 야곱의 마지막 장면이다. 아브라함이나 이삭의 죽음보다 훨씬 뭉클하고 숭고하게 느껴진다. 하나님의 평화로운 빛이 야곱을 덮으며 마지막 숨을 내쉬었을 그의 모습이 눈에 선하다. 처음보다 끝이 좋은 사람, 야곱의 모습을 마음에 그려 본다.

> 야곱이 아들에게 명하기를 마치고 그 발을 침상에 모으고 숨을 거두니 그의 백성에게로 돌아갔더라 / 창세기 49:33

## 오늘의 위로엽서

1. 내 힘으로 사니까 힘이 드는 것입니다.
2. 하나님께 다 맡기고 사는 평화의 사람이 되세요.

많이 힘드셨죠?

# 깡통교회

어쩌면 지금 이 이야기는 앞의 이야기를 설명하는 글일 수도 있겠다. 이 이야기를 먼저 했어야 했을지도 모르겠지만, 왠지 이 순서가 더 자연스럽다고 생각했다.

내가 교회를 개척한 것을 두고 어떤 사람은 '무데뽀 정신'이라고 말하고, 어떤 사람은 '맨땅에 헤딩하기'라고도 말한다. 나는 그저 기도하다가 받은 하나님의 말씀을 믿음으로 순종했을 뿐이었다. 그 순종이 은혜 가운데 교회가 되었고, 지금은 수천 명의 공동체가 되었다.

또한 그로 말미암아 우리가 믿음으로 서 있는 이 은혜에 들어감을
얻었으며 하나님의 영광을 바라고 즐거워하느니라 /로마서 5:2

부슬부슬 눈비가 섞여 내리는 1월이었다. 트럭에 컨테이너
를 싣고 학교로 들어가면서 강대상, 그리고 십자가도 챙겨 두
었다. 조마조마한 마음으로 학교 정문으로 들어가는데 심장
이 두근거렸다. 만약 경비실에서 "누가 이것을 신청했나요?
공대? 문과대?"라고 묻는다면, 나는 아무 할 말이 없었다. 그
런데 아무도 이것들을 어디에 놓는지 묻지 않았다. 문이 열리
고 순조롭게 일이 진행되었다.

우선 학교를 한 바퀴 돌고 누구나 볼 수 있는 호수 위 언덕
에 트레일러를 놓았다.

'어차피 학교 당국에서 보면 한 시간도 채 걸리지 않고 철
거하려고 나타날 것이다. 그럴 것을 뒤에다 놓든, 앞에다 놓
든 무슨 상관이 있겠나? 하나님께 순종했다는 것이 본질이고
나머지는 중요하지 않다. 담대하게 제일 좋은 자리에 놓자!'

많이 힘드셨죠?

　새천년관은 건국대학교에서 제일 크고 높은 건물인데, 그 건너편에 놓아야겠다고 결심했다. 그리고 나는 호수 곁에 서서 새천년관을 향해 두 손을 뻗고 기도했다.

　"하나님 저 건물에서 언젠가 우리가 예배드리게 해주세요."(현재 우리는 그 건물을 주일 예배 처소로 쓰고 있다. 기도는 응답이다.)

　아니나 다를까, 예상했던 대로 트레일러를 막 내리려는 순간 총무처 직원의 차가 앞에서 가로막고 멈추었다.

"당신 아방궁을 짓는 것이오? 여기가 당신 땅입니까? 미치지 않고서야 어떻게 이런 짓을 할 수 있습니까? 당장 치우지 않으면 경찰서에 고발하겠으니, 한 시간 안에 학교에서 나가 주십시오."

비는 주룩주룩 내리고 있었고, 마음은 무겁고 착잡했다. 분명히 내가 하는 일은 누가 봐도 정신병자 수준의 행동이다. 남의 땅에, 그것도 서울의 큰 종합대학 안에서 교회를 하겠다고 트레일러를 싣고 들어온다는 게 말이나 될까? 내가 생각해도 말이 안 되는데 저 사람이야 오죽할까?

혼자 생각해도 웃음이 나왔다. 하나님께서 아브라함에게 "네 아내 사라에게 아들이 있으리라"(창세기 18:10) 하셨을 때 사라가 속으로 웃었다고 했다. 할머니가 된 사라가 웃는 것은 당연하지 않겠는가.

여호와께서 아브라함에게 이르시되 사라가 왜 웃으며 이르기를 내가 늙었거늘 어떻게 아들을 낳으리요 하느냐 여호와께 능하지 못

많이 힘드셨죠?

한 일이 있겠느냐 기한이 이를 때에 내가 네게로 돌아오리니 사

라에게 아들이 있으리라 사라가 두려워서 부인하여 이르되 내가

웃지 아니하였나이다 이르시되 아니라 네가 웃었느니라 /창세기

18:13-15

비록 하나님이 내게 아기를 주겠다고 한 것은 아니지만, 교
회라는 생명이 잉태되는 과정에서 나 역시 어떤 설명도 할
수 없이 자꾸 웃음만 나왔다.

하나님은 때로 일방적, 일인칭적으로 일을 시키실 때가 있
는데 누가 봐도 이 일이 딱 그랬다. 저 사람에게는 내가 불법
자로 보이겠지만, 사실 내게는 일 년 동안 밤낮 기도하고 금
식하며 기다려 온 '오늘'이었다. 마음 한편에서는 당장 트레
일러를 들고 학교 밖으로 나가고 싶었지만, 행동은 전혀 반대
로 움직이고 있었다. 나는 시동을 걸고 막 떠나려는 직원의
팔을 잡았다.


"가실 때 가더라도 기도 한번 받고 가세요"라고 말하는 내
입술은 상식에 전혀 맞지 않았다. 생각지도 않았던 말들이 자

꾸 내 입에서 튀어나오는데, 나 스스로에게 '왜 이러나' 하고 놀랄 지경이었다.

나는 그 순간 성령의 인도하심을 받고 싶은 마음, 그리고 하나님께서 직원의 마음을 움직여 주시기를 바라는 마음으로 가득했다. 나는 들고 있던 우산을 뒤로 던져 버렸고, 비를 맞으며 핸들 위에 있는 그의 두 손을 감싸고 울었다.

그가 "왜 이러세요? 저는 불교 신자라구요" 하는데, 그의 소리가 하나도 귀에 들어오지 않았다. 그리고 간절한 기도를 마쳤을 때 놀라운 일이 일어났다. 그 직원은 아까와 다르게 부드러운 인상으로 바뀌어 있었고, 차 밖으로 나와 친절하게 인사를 했다. 기도 후에 그와 나 사이의 공간이 하나님의 빛으로 가득히 채워지는 것 같았다.

잠시 후 총무처장은 직원의 보고를 받았고, 그는 총장님에게 보고를 했다. 총장님은 그 얘기를 듣자마자 "그 사람이 누구인지 알겠습니다. 장애아와 가난한 학생들을 도와줄 뿐만 아니라 저를 전도한 사람입니다. 학교에서 착한 일을 계속할 수 있도록 트레일러 놓을 곳을 찾아 주세요. 법적으로 문제가 되지 않는다면 총무처장님이 도와주시면 좋겠습니다" 했다. 교회 집사였던 총무처장은 직접 자리를 마련해 주었는데, 호수 위에서 아래로 내려와 수의과 주차장 신축공사장에 터를 잡아 주었다. 트레일러를 예배당 삼아 아주 작은 개척교회(일명 깡통교회)가 시작되었다. 지금도 우리는 그때의 정신을 '깡통교회 정신'이라고 부른다. 그것은 '말씀에 절대적으로 순종'하는 것을 말한다.

만일 하나님께서 이보다 더한 것을 하라고 하셔도 말씀이 있다면 우리는 언제든지 순종할 수 있어야 한다. "내게 능력 주시는 자 안에서"(빌립보서 4:13) 모든 것을 할 수 있다. 성경을 아무리 읽어 봐도 나이가 들었기 때문에 순종하지 못한 사람은 아무도 없다. 오히려 나이 들어 순종한 사람들의 이야기들이 성경에 많이 기록되어 있다. 아브라함, 사라, 노아, 모세, 갈렙 등 나이 많은 영웅들이 즐비하다. 사람이 나이가 많으면 모든 것을 경험으로 알게 된다. 그들의 경험은 이것이다.

'하나님은 반드시 약속을 지키신다!'

믿음이 없어 하나님의 약속을 의심하지 않고 믿음으로 견고하여져서 하나님께 영광을 돌리며 약속하신 그것을 또한 능히 이루실 줄을 확신하였으니 /로마서 4:20-21

## 오늘의 위로엽서

1. 나이 때문에 주눅 들지 마세요.
2. 믿어요. 기뻐요. 기적이 일어나요.

많이 힘드셨죠?

# 진정성

내가 성경에서 제일 좋아하는 사람은 베드로다. 일단 그의 이름이 등장하면 성경을 읽기가 좀 더 쉬워진다. 왜냐하면 완벽해 보이는 사람들보다는 실수가 많은 베드로가 나에게 친근하게 느껴지기 때문이다.

일단 베드로는 예수님께 사랑을 많이 받았다. 마음이 단순하기 때문이다. 주님께서 어린아이들이 가까이 오는 것을 금하지 말라 하신 것도 아이들의 단순성 때문이다. 반면에 바리새인들을 좋아하지 않으신 이유는 그들은 복잡하기 때문이다. 사람이 정직하면 단순해지는데, 말을 해도 다른 숨겨진

목적이 있으면 되게 복잡해진다. 예수님을 신성모독죄로 몰아서 죽이는 데 앞장섰던 사람들이 그런 부류들이었다. 아마 성경을 모르는 사람들도 바리새인이라는 말은 들어보았을 것이다. 바로 위선과 외식하는 사람의 상징이 돼버린 자들이 바리새인들이다.

내가 목회하면서 제일 힘들 때가 내 모습에서 이런 것을 발견할 때다. 나는 예수님을 사랑하는데 '내가 왜 이러나' 하고 좌절하기도 한다.

바리새인들이 위선하는 이유는 하나님은 안 보이고 사람들만 눈에 보이기 때문이다. 그것은 예수님이 말씀하신 대로 믿음이 없기 때문이다. 예수님이 늘 제자들에게 경계하신 것이 있는데, 그것이 하나님을 두려워하지 않고 눈에 보이는 사람을 두려워하는 것이었다. 바리새인들은 하나님께 해드리는 모든 것, 예를 들면 구제나 기도, 심지어 금식까지 사람들에게 보이기 위한 것으로 바꾸어 버렸다.

어차피 하나님께 하는 것이 아니고 사람들 들으라고 하는 것이니까, 테이프를 틀어 놓은 듯 한 말 또 하고 한 말 또 하기를 그들은 반복했다. 그들은 듣고 계실 하나님의 입장이나 피로감은 염두에도 없다. 물론 하나님은 듣지 않으실 테니까, 하나님에 대한 걱정은 할 필요가 없다.

그런데 인간들은 중요한 한 가지를 놓치며 산다. 아무리 그렇게 사람들에게 멋지고 좋게 보여도, 사람들이 그것을 오래 기억하지 못한다는 사실이다. 반대로 나쁘게 말을 해도 그것 또한 잊게 돼 있고, 다 지나가고 만다. 너도 기억 못 하고 나도 기억 못 한다. 이유는 백 년 안팎이면 모든 인간은 다 죽어서 흙 성분이 되어 누워 있기 때문이다. 그저 잠깐 사람들의 존경한다는 말과 눈빛, 부풀어진 찬사를 들을 뿐이다.

우리가 한 것들을 기억하는 존재는 우주에 한 분뿐이다. 그래서 하나님만 바라보고 행동해야 한다. 그렇게 하면 하나님은 은밀한 중에 들으시고 은밀한 중에 갚아 주신다.

> 네 구제함을 은밀하게 하라 은밀한 중에 보시는 너의 아버지께서 갚으시리라 /마태복음 6:4

217

진정성

그러므로 구제는 구제여야지 다른 것을 끌고 들어와서는 안 된다. 기도는 기도여야지 하나님 외에 다른 것이 섞이면 안 된다.

그런데 여기서 잠깐 나의 얘기를 중단해야겠다. 글을 쓰면서 계속 양심이 나를 찌르기 때문이다 "이렇게 말하는 나는 떳떳한가? 이것이 남 얘기가 아니지 않은가? 바리새인 중의 바리새인이 내가 아닌가?"

나는 과거에 겪은 권위자로부터의 거절과 상처 때문인지, 가끔씩 나도 이해하지 못할 행동들이 나타나곤 한다. 나도 모르게 올라오는 두려움으로 사람들을 만나는 것을 피하고 위선하는 모습들이 많았다. 내가 말하는 위선이란 영적인 성취욕, 허영심 같은 것들이다.

목회에 잘 포장되어 그 악취가 말로 할 수가 없었다. 나는 세상에서 사람들이 흔히 하는 것들을 따라 쉽게 행동했다. 무서운 줄 몰랐다. 세상은 성취 또는 능력으로 사람들을 놀래켜서 무엇을 갖거나 무시당하지 않도록 하며, 그렇게 해서 자신

많이 힘드셨죠?

을 안전하게 보호하려고 한다. 나는 무엇을 갖거나 빼앗지는 않았지만, 적어도 사람들이 나를 경멸하지 않게 하려고 무지 애를 썼다.

분명히 목사가 그러면 안 된다는 것을 머리로는 알겠는데, 행동은 저 멀리 가 있는 모습이 미칠 것같이 싫었다. 선한 동기의 저변에 이런 더러운 것들이 진흙처럼 더덕더덕 붙어 있는 것을 볼 때, 목사지만 죽고 싶은 마음이 수도 없이 올라왔다. 나는 혈압이 낮은 편이라, 금식기도 삼 일에도 어지러워서 방바닥을 기어다닌다. 아주 고생이다. 그런 내가 '차라리 목회를 그만 두겠다'는 생각으로 교회에 사표를 내고 21일 금식을 했다. 결국 전교인들의 극구 반대로 사표를 거두기는 했지만, 나의 목회에 큰 전환점이 된 것은 사실이다.

진정성… 하나님과 나만이 가질 수 있는 진정성….

맞다. 내가 평생 방황하며 찾고 싶었던 것이 진정성이다. 우리에게 필요한 공간은 종교가 아니다. 베드로처럼 예수님 앞에 일대일로 마주하는 솔직한 공간이다.

결국 사람을 변화시키는 것은
주님과 나만의
고요한 공간, '진정성'이다.

예수님이 바리새인들에게 지적한 것은 거의 진정성의 문제였다. 반면 제자들도 정도의 차이가 있긴 하지만 예수님을 등에 업고 뻐기기를 좋아하고, 자기 영광의 함정에 빠져서 서

많이 힘드셨죠?

로 심하게 다투었다. 그들은 예수님이 돌아가시기 직전까지도 그 짓을 멈추지 않았다. 결국은 앞에 언급한 대로 사람들은 크게 보이고 예수님은 잘 보이지 않아서 생기는 문제였다.

그런 마음의 숨겨진 것들이 언젠가는, 어디서라도 다 드러나게 돼 있다. 그것이 베드로가 예수님을 모른다고 세 번 부인한 사건이다.

사람들은 위기의 순간에도 평상시 습관이 나오게 되어 있다. 베드로는 주님은 안 보이고 계집종과 사람들이 보였다. 베드로는 위선이 아니라 아예 노골적으로 거짓말을 함으로써 인격이 다 무너져 버렸다. 그때 예수님이 심문을 받으시다가 그 소리를 들으시고 고개를 뒤로 돌려 베드로를 보셨다(누가복음 22:61).

아마도 베드로와 예수님이 서로를 한참 바라보았을 것이고, 성경엔 베드로가 밖으로 나가서 심히 울었다고 써 있다(누가복음 22:62).

왜냐하면 예수님은 이미 닭 울기 전에 예수님을 세 번 부

진정성

인할 것을 베드로에게 말씀해 두셨기 때문이다. 나는 이 장면을 읽을 때 예수님의 눈빛을 생각해 본다. 이 눈빛은 엘리베이터처럼 끌어올리는 눈빛이지, 무시하고 판단하는 눈빛은 아니었으리라. 인격이 무너지고 수치심에 마음이 너덜너덜해진 베드로를 위해 사랑과 긍휼로 바라보셨을 것이다.

부활하신 예수님이 디베랴 바닷가에서 베드로를 다시 만났을 때 이렇게 물으셨다. 사람들을 늘 의식하고 두려워했던 베드로에게 주님은 가장 정확한 질문을 하셨다.

> 요한의 아들 시몬아 네가 이 사람들보다 나를 더 사랑하느냐
>
> /요한복음 21:15

이 한 문장에 예수님이 베드로에게 하시고 싶은 말씀이 다 들어있다. 이 질문은 아프게 나의 마음속에도 들어온다. 나의 평생 아킬레스건이다. 주님의 선하신 눈빛 앞에 나 또한 피할 길이 없다. 도무지 얼굴을 들 수 없을 정도가 되었지만, 베드로의 구원이 여기에 있음을 부인할 수가 없다.

주님 그러하나이다 내가 주님을 사랑하는 줄 주께서 아시나이다

/요한복음 21:15


예수님의 완벽하심에 감탄을 금할 수가 없다. 비록 약해서 거짓말을 하고 넘어졌지만, 베드로가 주님을 사랑하는 진정성을 고백하게 함으로써, 그의 억울할 뻔했던 마음도 풀어 주시고 만져 주셨다. 그래도 끝까지 예수님 신변을 걱정해서 쫓아갔던 베드로가 아닌가!


이렇게 자존감도 세워 주시면서, 상처받은 마음과 정죄감에서 구원하시는 예수님의 완전하신 지혜와 사랑, 그 성품 앞에 무릎을 꿇는다. 지금 가장 떠오르는 말씀이 다윗의 시편 23편이다. 시인 다윗의 노래로 하나님께 영광을 드리고 싶다.


여호와는 나의 목자시니 내게 부족함이 없으리로다 그가 나를 푸른 풀밭에 누이시며 쉴 만한 물 가로 인도하시는도다 내 영혼을 소생시키시고 자기 이름을 위하여 의의 길로 인도하시는도다 내가 사망의 음침한 골짜기로 다닐지라도 해를 두려워하지 않을 것은

진정성

주께서 나와 함께 하심이라 주의 지팡이와 막대기가 나를 안위하시나이다 주께서 내 원수의 목전에서 내게 상을 차려 주시고 기름을 내 머리에 부으셨으니 내 잔이 넘치나이다 내 평생에 선하심과 인자하심이 반드시 나를 따르리니 내가 여호와의 집에 영원히 살리로다 /시편 23:1-6

## 오늘의 위로엽서

1. 사람이 솔직해져야 쉼이 있습니다.
2. 하나님과 마주하는 정직한 공간을 가져보세요.

많이 힘드셨죠?

# 유치원생의 예의

유치원에 다니는 아이가 엄마에게 심각한 얼굴로 물었다. "저 성령 받을 수 있을까요? 내일 담임목사님이 설교해 주시고 나를 위해 기도해 주실 텐데 걱정이 돼요. 우리 반 아이 중에 제가 정말 미워하는 아이가 있거든요. 제가 성령을 받아야 하는데 하나님이 저를 용서하실까요?"

너희가 사람의 잘못을 용서하면 너희 하늘 아버지께서도 너희 잘못을 용서하시려니와 너희가 사람의 잘못을 용서하지 아니하면 너희 아버지께서도 너희 잘못을 용서하지 아니하시리라 /마태복음 6:14-15

이 아이는 비록 어리지만 어떻게 하나님을 대해야 하는지 알고 있었다. 왕 앞에 예복을 입고 들어가는 신하처럼 하나님을 진정성 있게 대하고 있었다(마태복음 22:11).

예배 시간에 들은 성경 말씀을 정확히 이해하고 기억하고 있었다는 것도 놀라웠다.

이 아이를 보면서 많이 회개했다. 비록 목사라 해도 하나님 앞에서 예의를 가지고 있어야 하는데, 그렇지 못했음을 회개했다. 목사가 설교를 해도 강대상의 주인은 예수님이다. 아이가 말씀을 듣고 그대로 살아 내려고 하는데 말씀을 전하는 목사가 그대로 살지 않으면 안 되었다. 나는 나의 설교와 태도에 집중해서 몇 가지를 심각하게 고민해 보았다.

첫째, 미리 교회에 가서 기도하지 못하고, 급하게 강단에 올라선 것이 생각났다. 집에서 시간을 내어 기도하고 가지만, 그래도 우선순위가 잘못되어서 그런 것이라 변명의 여지가 없다. 무조건 잘못된 것이다.

둘째, 설교 준비가 덜 되어 강단에서 허둥지둥 말할 때이다. 설교가 좋고 나쁘고를 떠나, 게으르고 나태한 종으로 책망 받을 짓을 여러 번 했다. 지금까지 담임목사를 바꾸지 않으신 것에 감사드린다.

셋째, 청소년, 청년들을 너무 걱정한 나머지 하나님 말씀보다 내가 앞서 갔던 것들을 회개한다.

요즘 청소년이나 청년들은 설교를 무조건 지루해하고 아예 교회에 오지 않는다. 나는 아기의 입을 벌려서 감기약을 먹이는 엄마의 심정으로 이들을 마주하고 메시지를 전할 때가 있다.

최근 B라는 고등학교에 가서 이틀 동안 말씀을 전하는데, 목사인 내가 강대상에서 욕이 다 나올 뻔했다. 강당에 온 95퍼센트 정도의 학생들이 얼굴을 책상에 파묻고 아예 앞을 쳐다보지 않았다. 맨 앞에 앉은 학생들 둘이 하도 까불고 시끄럽게 해서, 그만하라고 야단을 쳤다. 그렇게 말해 놓고 혹시 아이들이 예수님도 믿지 않는데 시험에 들면 안 되지 싶어 이렇게 말을 했다. "그런데 너희들 잘생겼다." 그러자 한

유치원생의 예의

아이가 반말로 "인정~!" 하고 엄지손가락을 위로 세웠다. 괜히 한 마디 했다가 체면이 말이 아니었다. 강당에 있던 전교생이 깔깔 웃고 설교만 흐트러졌다.

다음날 다시 강대상에 서려고 하는데 나도 모르게 탄식이 나왔다. 점점 완악해지는 이 세대를 놓고 기도하는데 눈물이 왈칵 쏟아졌다. 그날 나는 눈높이를 더 낮추어 아이들처럼 랩을 섞어가며 설교를 했다. 말씀을 열 번이나 전한 것처럼 온에너지를 쏟았다. 다행히 이번엔 80~90퍼센트의 학생들이 잘 들어 주어 하고 싶은 메시지는 잘 전달되었다.

이렇게 20여 년을 설교하면서, 젊은이들이 도망가지 않고 집중해서 말씀을 듣게 하는 것이 내 설교의 우선이었다. 하지만 나도 모르는 사이 '사람'에게 눈높이를 맞추느라 '하나님'께서 정말 하고 싶으신 말씀을 놓치지 않았나 되돌아보게 된다. 치우치지 않으려고 했는데 치우쳐 있었던 나를 보면서 최근 많이 회개하는 기도제목이다.


넷째, 신학생들이나 전도사들이 설교를 할 때 나도 모르게 잘하나 못하나를 판단하고 살피는 경향이 있었다. 알면 기분이 좋지 않을 텐데 나도 모르게 그러고 있을 때가 있었다. 시험 보는 기분으로 설교 준비를 하는 그들은 내가 얼마나 부담이 됐을까? 담임목사라고 높아진 이런 모습을 고치려고 하셨는지, 주님께서 나를 어떤 특별한 집회로 인도하셨다. 집회장에 도착해 보니 남침례교단 총회장, 내가 졸업한 골든게이트(현재 게이트웨이) 신학대학원의 총장 등 남침례교단의 여러 강사들이 와 있었다. 집회장 입구에는 주 강사들의 사진이 붙어 있었는데 여자인 나만 사진이 빠져 있었다. 물론 한국 침례교회와 다르게 미국 남침례교단은 여성목사제도가 있지 않아 정황상 그것은 충분히 이해할 수 있었다. 하지만 강단에 올라섰을 때, 내가 아직 설교를 시작도 하지 않았는데, 백인들은 팔짱을 끼거나 대부분 눈을 감고 있었다. 속이 부글부글 끓어오르는데, 일단 우아하게 미소를 지으며 이렇게 말문을 열었다.

"미국 남침례교단은 세계에서 제일 큰 교단으로 빌리 그레이엄 목사님, 찰스 스펄전 목사님, 윌리엄 캐리 선교사님, 지미 카터 대통령,《목적이 이끄는 삶》을 지은 릭 워렌 목사

님 같은 위대한 인물들을 배출한 명예로운 교단입니다. 여기
《하나님을 경험하는 삶》을 지으신 위대한 작가 헨리 블랙커
비 목사님도 보이네요. 만나 뵈서 영광입니다. 그런데 최근
남침례교단 선교사님들이 선교지에서 많이 어려움들을 겪고
계시다고 들었습니다. 저는 세계 선교에 있어 왜 남침례교단
이 요즘 고전을 하고 있는지 그 이유를 말씀드리려고 합니다.
저는 두 가지 때문이라고 생각합니다. 첫째는 성령을 무시해
서 그렇고, 둘째는 여자를 무시해서 그렇습니다."

   폭소가 터지고 큰 박수가 터져 나왔다. 이런 수용성과 융통
성이 아직 미국이 세계를 이끌고 갈 수 있는 선진국인 이유
일 것 같다. 미국 남침례교단 총회장부터 그날 앉아 있던 백
인들은 말씀을 잘 경청해 주었다.
   나는 이 일이 마음에 깊이 각인되었고, 한국에 돌아와 나의
태도를 바꾸었다. 그때부터 신학생이든 전도사든 누가 강단
에 서도 은혜를 받았고 판단하지 않았으며 존중해 주었다.

   나의 고백은 여기까지다. 지금부터는 설교하는 사람의 진

230
많이 힘드셨죠?

정성이 아니라 설교를 듣는 사람의 진정성을 나누려고 한다.

미국에서 성령의 표적으로 큰 부흥이 일어났다는 교회를 방문한 적이 있었다. 밖에서 두 시간이나 기다려야 들어간다던 교회가, 예배가 시작됐어도 사람들이 듬성듬성 앉아 있는 것이 이상했다. 성령의 표적이 강하게 나타났었던 목사님께서 사임한 후, 성장이 그치고 교회도 여러 가지 문제로 이분삼열(二分三裂)되어 일어날 기미가 보이지 않았다. 같은 날 타교회의 저녁예배에 참석했는데 캠퍼스 안에 있는 침례교단에 소속된 교회였다. 주일 저녁이고 더구나 다음날이 중간고사라 아주 적은 수가 모였으리라 생각하고 참석을 했다. 요즘 한국교회는 주일 저녁예배가 열심 있는 재직들이 드리는 예배로 변질되고 있어 우려가 많다.

나는 예배 15분 전에 도착해서 자리가 충분할 것이라 생각하고 예배실로 들어갔다. 그런데 개인석으로 되어 있는 5000석이 빈자리가 하나도 없었다. 성가대도 30분 전에 가운을 착용하고 바른 자세로 정면을 바라보고 있었다. 마치 대통령이 오기로 돼 있는 만찬장에, 대통령이 입장하기 직전 같은 긴장된 모습으로 예배의 시작을 기다리고 있었다. 우리

일행은 뒤편에 스태프들이 앉으려고 했던 의자를 비워 주어 그곳에 앉을 수 있었다. 놀라운 것은 대부분의 대학생들이 성경책을 들고 앉아 있었고 깨끗한 정장 차림이었다는 것이다. 예배시간에 스마트폰을 보거나 조는 사람도 없었다. 이들이 이렇게 하는 이유는 하나님 한 분만 보고 예배를 나오기 때문이었다. 이 책 처음에 소개한 유치원 아이처럼, 그곳 대학생들은 하나님을 살아계신 분으로서 인격적으로 모시고 있다는 생각이 들었다.

그렇다! 성경에 주를 경외하라고 쓰여 있는 것은 쉽게 말하면 '예의'이다. 좀 더 쉽게 풀어 말하면 예배도 예의가 있고, 기도도 예의가 있고, 헌금도 예의가 있다. 단지 성령의 표적을 보려고 모이는 사람들과 성령께서 쓰신 성경말씀을 그대로 순종하고 존중하는 사람들과는 예배 하나만 보아도 큰 차이가 있었다. 중간고사에 빼앗기지 않고 주일을 거룩히 성수하는 젊은이들을 보면서, 미국을 하나님께서 여전히 사랑하는 이유를 알 수 있었다.


이렇게 영광스러운 예배는 예의가 있는 사람들이 모이기

많이 힘드셨죠?

시작할 때 이루어진다. 하나님께서 이렇게 예의를 갖춘 자들에게 주시는 '하나님과의 일체감'은 세상의 어떤 기쁨과도 비교할 수가 없다. 예의는 진정성이다.

> 아버지께 참되게 예배하는 자들은 영과 진리로 예배할 때가 오나니 곧 이때라 아버지께서는 자기에게 이렇게 예배하는 자들을 찾으시느니라 하나님은 영이시니 예배하는 자가 영과 진리로 예배할지니라 /요한복음 4:23-24

## 오늘의 위로엽서

1. 하나님에 대한 가장 기본적인 자세는 예배부터입니다.
2. 영광스러운 예배는 예의가 있는 예배입니다.

# 트랜스젠더

어느 날 나는 동성애자인 청년의 편지를 받았는데, 내용은 이러했다.

그는 교회에 나오면서 하나님을 알게 되었고 앞으로도 우리 교회를 떠나고 싶지 않다고 했다. 십자가의 구원에 대해서도 이제 조금씩 알게 되면서 솔직히 고민이 되는데, 해답을 좀 얻고 싶다고 했다. 무엇보다 편지의 끝부분에 "살려 주십시오… 살려 주십시오!"라고 썼는데 그 두 문장을 읽을 땐 나도 마음이 격해졌다.

자신의 영혼을 놓고 하나님 앞에 절규하는 동성애자들을 생각할 때,

많이 힘드셨죠?

담임목사로서 잠이 오지 않았다. 왜냐하면 예수님은 한 영혼도 지옥에 가는 것을 원하지 않으시기 때문이다.

동성애자들을 보면 무조건 정죄부터 하는 사람이 있다. 그들은 '동성애부터 끊고 교회에 나와야 하지 않나' 생각한다. 그러나 우리는 다른 사람보다 죄를 덜 졌다고 천국 가는 것이 아니라, 예수님 때문에 천국 가는 것임을 알아야 한다.

열왕기하 5장에 나아만 장군이 고침받은 이야기가 나온다. 그가 우상을 버리고 요단강 물속에 들어갔나, 아니면 있는 그대로 갔나? 교회에 담배를 끊고 왔나, 아니면 담배를 피더라도 교회에 나왔나? 술도 마찬가지다. 맞다! 구원은 그렇게 받는 것이다.

우리 스스로 죄를 끊고 해결할 수 있다면 왜 예수님이 필요하겠는가? 혼자서 구원할 수 있다면 십자가는 왜 필요하겠는가? 교회는 또 무엇 때문에 다녀야만 하는가? 어쩌면 이 글을 읽고 있는 사람 중에도 어젯밤 한잔한 분도 있을 것이다. 그럼에도 불구하고 일요일에 다른 데 가지 않고 주일예배도 지키고, 교회 봉사도 하였으니 얼마나 칭찬받을 일인가!

동성애자도 똑같다. 교회 나오는 동성애자들은 칭찬받아야 한다. 나는 우리 교회에 출석하는 동성애자인 젊은이들에게 이렇게 말해 왔다.

"너희들이 구원을 못 받는다면 나도 구원을 못 받는 거다.

> 불의한 자가 하나님의 나라를 유업으로 받지 못할 줄을 알지 못하느냐 미혹을 받지 말라 음행하는 자나 우상 숭배하는 자나 간음하는 자나 탐색하는 자나 남색하는 자나 도적이나 탐욕을 부리는 자나 술 취하는 자나 모욕하는 자나 속여 빼앗는 자들은 하나님의 나라를 유업으로 받지 못하리라 너희 중에 이와 같은 자들이 있더니 주 예수 그리스도의 이름과 우리 하나님의 성령 안에서 씻음과 거룩함과 의롭다 하심을 받았느니라 /고린도전서 6:9-11

모든 죄는 천국에 들어갈 수 없는 것이다! 회개했으면 당당해라! 정죄 받지 마라. 혹시 누가 경멸해도 상처받지 마라. 예수님 곁에 매달린 강도를 생각해라. 강도는 구원을 주시는 예수님의 이름을 부르고 천국에 갔다. 누구든 십자가에 매달린 예수님을 바라보고 회개하면 구원을 받는다. 누구라도 예수님께 붙어 있으면 사는 거다. 예수님께 붙어 있으면 힘 안 들고 깨끗해진다. 그리고 열매도 맺는다(요한복음 15:2-5). 하나님을 사랑하면 육체적인 즐거움은 점점 작아지게 된다. 그런 것 자체에 관심이 없어지기 시작한다. 성령으로 거듭나면 죄가 미워지고 싫어진다.

내가 우려하는 것은 동성애자가 아니다. 교회 먼저 왔다고 정죄하는 교만한 사람들이다. 하나님을 먼저 믿었다고 이방인들을 정죄하는 유대인들과 무엇이 다른가. 창녀, 세리들을 더럽다고 경멸한 바리새인들과 무엇이 다른가.

어떻게든 교회는 동성애자들을 품어야 한다. 사랑으로 인내해야 한다. 그들이 말씀으로 이길 수 있도록 도와주어야 한다. 그들이 세상으로 나가면 죽는다. 교회는 예수님처럼, 우리 안에 있는 아흔아홉 마리의 양보다 우리 밖의 양들에 관심을 기울여야 한다. 동성애자들도 육체의 정욕에 저항하고 하나님의 뜻대로 살겠다고 결심해야 한다. 이 세상에 성적인 것만 있는 것이 아니다. 정체성도 성적인 것으로가 아닌, '하나님 안'에서 찾아야 한다. 성령을 받으면 하나님의 창조 법칙 안에서 만들어 주신 순리대로 살 수 있다. 결단만 하면 나머지는 주님이 다 책임져 주신다. 몇 번 넘어졌어도 다시 일어나라. 성령의 능력은 니코틴보다, 마약보다, 동성애보다 강하다."

우리 교회에 출석하는 트랜스젠더이며 동성애자인 청년이 있다. 다른 트랜스젠더 성도를 통해 교회에 왔는데 그 전부터 기독교에 대한 호기심이 있었다. 그녀는 좋은 목장에 소속되었고, 훈련된 목자인 배우 최강희 자매 아래서 양육을 받기 시작했다. 예수님을 만나 심한 우울증에서 치료를 받은 경험이 있는 최강희 목자는 상처받은 양들을 말씀으로 잘 어루만져 주었다.

그녀는 꾸준히 주일에 나오며 새벽에 말씀을 듣기 시작했다. 그리고 얼마 안 되어서 성령을 받았고 방언 은사도 체험했다. 하나님께서 살아계심을 경험하는 것이 트랜스젠더나 동성애자들에게는 가장 중요한 일이다. 좋은 말이나 그럴 듯한 위로가 필요한 것이 아니다. 사람을 변화시키는 것은 오직 성령뿐이다.

> 내 말과 내 전도함이 설득력 있는 지혜의 말로 하지 아니하고 다만
> 성령의 나타나심과 능력으로 하여 /고린도전서 2:4

그 후 그녀는 말하는 것이 달라지고, 행동이 달라졌다. 하지만 동성애와 트랜스젠더에 대한 세계관과 가치관의 변화는 일 년 이상이 걸렸다. 그동안 이 자매는 호르몬을 맞으며 수염을 길렀고, 교회에서 형제처럼 행동했다. 그러나 3년 차에는 자신이 여성이며 남성이 아님을 거룩한 교회 앞에서 고백했다.

구원은 즉시로 받을 수 있는 것이지만, 내면에서 일어나는 정욕과의 싸움은 시간이 걸린다. 이렇게 육체를 이기는 싸움은 혼자서 싸우기가 어려운데, 이 자매는 건강한 목장 안에서 넘어져도 또 일어설 수 있었다. 지금 그녀는 산부인과에 가서 검사도 받았고, 호르몬 주사도 끊었다. 의사는 그녀가 다시 여자로 돌아갈 수 있으며 아기도 낳을 수 있다고 말해 주

었다. 그녀의 턱에는 아직 수염이 조금 남아 있지만, 모든 모임에 떳떳하게 참여하고 있다. 그녀는 이렇게 고백한다. "나는 더 이상 내 육체를 우상 삼지 않고, 하나님이 주신 몸 그대로 사랑하며 살아가겠습니다."

지금 그녀는 우리나라 최초의 트랜스젠더 목사가 되기 위해 준비 중이다. 꽤 오랫동안 떨어져 있던 부모님 집에 가서 전도를 했으며, 조만간 어머니가 교회에 나오실 것 같다고 했다.

세상에서 제일 아름다운 열매는
사람 속에 있는 성령의 열매이다.

너희가 그 때에 무슨 열매를 얻었느냐 이제는 너희가 그 일을 부끄러워하나니 이는 그 마지막이 사망임이라 그러나 이제는 너희가 죄로부터 해방되고 하나님께 종이 되어 거룩함에 이르는 열매를 맺었으니 그 마지막은 영생이라 /로마서 6:21-22

많이 힘드셨죠?

## 오늘의 위로엽서

1. 혼자서 고민하지 마세요.
2. 주 안에서 도움을 받으세요.

# 강냉이 한 알

방송하면서 많은 프로그램을 맡아보았지만, 그중 CTS의 '청년독수리'가 기억에 가장 많이 남는다. 청년들의 질문에 답을 하는 프로그램이다. 한번은 아프리카에서 녹화를 하면서, 한 선교사님의 고등학생 아들과 인터뷰를 했다. 그때 PD와 카메라감독 등 모든 스태프들까지 울음바다가 됐다.

그는 어릴 때 아버지를 따라 아프리카로 왔는데, '나도 아버지처럼 하나님의 사람이 될 수 있겠다'는 생각에 기뻐했다. 그런데 시간이 갈수록 너무 힘이 들었다. 그는 '내가 믿던 하나님이 이런 분인가?' 회의하여 스스로 목숨을 끊으려고 했다. 그러던 어느 날 그가 로마서 8장의 말씀을 읽었다.

그러나 이 모든 일에 우리를 사랑하시는 이로 말미암아 우리가 넉넉히 이기느니라 내가 확신하노니 사망이나 생명이나 천사들이나 권세자들이나 현재 일이나 장래 일이나 능력이나 높음이나 깊음이나 다른 어떤 피조물이라도 우리를 우리 주 그리스도 예수 안에 있는 하나님의 사랑에서 끊을 수 없으리라 /로마서 8:37-39

그는 이렇게 회개했다.

"내가 감히 뭐라고 하나님의 사랑에서 도망하려고 했나. 이렇게 하나님이 사랑하시는데, 하나님이 나를 절대 포기하지 않으시는데…."

그는 다시 하나님께 돌아왔고 "이런 하나님을 위해 살고 싶다"며 눈물로 인터뷰를 했다.

아프리카 외지에 살던 이 청소년은 위로를 받을 곳이 전혀 없었다. 곁에 도와 줄 친구들도 없었다. 어려서 자폐증까지 앓았던 그는 오히려 죽음이 자신의 고통을 끝나게 해줄 구원이라고 생각했던 것 같다. 그러나 그 아찔한 순간에 '빛이신 말씀'이 그를 살려 냈다.

이 학생 이야기를 하다 보니 겹치는 얼굴이 있다. 바로 엘리야 선지자다. 엘리야도 이 학생처럼 죽고 싶었는데 하나님이 살려 주셨다.

엘리야는 이스라엘 백성을 하나님께로 돌아오게 하기 위해, 목숨을 걸고 갈멜산에서 우상 숭배자들과 대결했다. 그리고 대승을 했는데 이상하게 그들은 하나님께 돌아오지 않았다. 분명히 이긴 것 같은데, 사람들이 기적을 보았는데, 그의 옆에 사람들이 없었다.

'내가 이렇게 하는 것이 맞나? 내가 갈멜산에서 한 일이 잘한 일인가? 그런데 왜 아무도 나를 지지하지 않지? 심지어 하나님과 맞장 뜨는 이세벨 왕비는 나를 죽이려고까지 한다.'

그는 뭔가 자신의 사역에 잘못이 있다고 생각했고, 하나님께 죽여 달라고 했다. 하지만 그는 죽으려 해도 죽을 수조차 없는 하나님의 종이었다. 엘리야의 슬픔을 아시는 하나님은 천사를 보내셨고, 떡과 물로 그의 기력을 보충시키셨다 (열왕기상 19:5-7).

"아무것도 잘못되지 않았다. 세상은 원래 그렇게 변덕스럽다. 너를 사랑하고 지지하는 이 선물들을 보아라. 너는 나만 보고 계속 가야 한다. 아합과 이세벨은 한낱 티끌일 뿐이다. 내가 바꾸려고 하면 한순간이다."

결국 하나님은 아합왕과 이세벨 왕비를 심판하시는 추상 같은 명령을 내리셨다.

> 하사엘에게 기름을 부어 아람의 왕이 되게 하고… 예후에게 기름을 부어 이스라엘의 왕이 되게 하고… 엘리사에게 기름을 부어 너를 대신하여 선지자가 되게 하라 /열왕기상 19:15-17

하나님은 침묵하시는 것 같았지만, 다 보고 계셨다. 그리고 하나님이 그를 위해 준비하신 것이 또 있었다.

강냉이 한 알

그러나 내가 이스라엘 가운데에 칠천 명을 남기리니 다 바알에게
무릎을 꿇지 아니하고 다 바알에게 입맞추지 아니한 자니라
/열왕기상 19:18

대박이었다! 이보다 더 좋은 위로의 선물이 있을까?

"너 자신을 정죄하거나 자책하지 마라. 우상 앞에 무릎을
꿇지 않은 자가 칠천 명이나 된다. 그들이 어떻게 아합과 이
세벨의 공포정치 속에서도 버티고 있는지 아니? 바로 너 같
은 사람이 있기 때문이다. 그들은 바로 내가 특별히 남겨놓은
자들이다."

하나님은 엘리야의 신음, 그 작은 소리까지 다 듣고 계셨던
것이다. 나는 이때 엘리야가 하나님에 대한 섭섭함을 다 털어
낼 수 있었으리라 생각한다. 그것으로 모든 불확실한 갈멜산
의 안개는 거둬졌고, 의심은 끝이 났다. 하나님과 엘리야 사
이에 완전한 신뢰, 완전한 연합이 이루어졌다.

많이 힘드셨죠?

그런데 이 또한 하나님의 최고 선물은 아니었다. 최고는 따로 있었다. 이 땅에서 상처가 많았던 엘리야를 하늘로 데리고 가서, 당신의 품 안에 안고 계시는 일이었다. 나도 경험해 봐서 아는데, 하나님이 나와 함께하실 때 가장 행복하고, 주님과 같이 있는 데 쓰는 시간이 가장 가치 있다.

사실 엘리야는 평생을 하나님을 위해 물러서지 않고 싸웠다. 하나님은 이것을 아셨다. 엘리야가 최선을 다했다는 것을 누구보다 잘 알고 계셨다. 이제 그는 더 이상 힘들지 않아도 되었다. '그만하면 됐다.' 하나님은 결심하셨다. 하나님은 이제 그를 쉬게 할 생각이셨고, 그를 천국으로 승천시키셨다. 이 세상에서 하나님보다 엘리야를 더 사랑하시는 분은 없다. 이 땅에서 하나님보다 그를 더 이해해 주시는 분은 없다. 하지만 이스라엘 백성은 엘리야의 마음을 알려고 하지도, 순종하려고 하지도 않았다.

내가 만군의 하나님 여호와께 열심이 유별하오니 이는 이스라엘 자손이 주의 언약을 버리고 주의 제단을 헐며 칼로 주의 선지자들을 죽

였음이오며 오직 나만 남았거늘 그들이 내 생명을 찾아 빼앗으려 하
나이다 /열왕기상 19:10

지도자가 옳다고 생각한 것을 하지 못한다면, 지도자가 될
필요가 있겠으며 지도자를 세울 이유가 무엇이랴! 하지만 이
제 엘리야에게 주어진 이 땅에서의 일은 다 끝났다. 그는 안
식을 위해 본국으로 귀향했다.

두 사람이 길을 가며 말하더니 불수레와 불말들이 두 사람을 갈라
놓고 엘리야가 회오리 바람으로 하늘로 올라가더라 /열왕기하 2:11

엘리야에 대한 이야기는 여기서 끝이 난다.

세상엔 엘리야처럼 죽고 싶어도 마지못해 사는 사람들이
많다. 딱 죽으면 좋겠는데 자식, 사회적 책임감, 신앙적 소신
그리고 죽음의 고통 등이 그들의 발을 붙잡는다. 나도 그런
비슷한 고통을 겪어봐서 그들이 얼마나 힘든지 안다.

목회 초기에 나의 부족함으로 교인들이 많이 떠난 적이 있
었다. 강대상에 엎드려 하염없이 울고 있을 때, 기저귀를 차

고 있는 아기가 아장아장 걸어서 강대상 위로 올라왔다. 아기는 등을 톡톡 치더니, 나의 손에 강냉이 한 알을 쥐어 주고는 돌아서서 강대상 아래로 내려갔다. 엄마가 시킨 것이 아니었다.

눈물 범벅이 된 나는 한참 이 강냉이 한 알을 보면서, '이게 뭐지?' 하고 생각했다. 그 순간 하나님 아버지의 마음이 느껴지면서, 내 마음속에 밝고 시원한 빛이 들어왔다. 그리고 거짓말같이 마음의 어둠과 아픔이 떠나갔다.

이 책을 마무리하면서, 내 마음속 독자들의 손을 꼭 잡고 이 말씀을 드리고 싶다.

"당신에게도 언젠가 이런 강냉이 한 알이 있었을 것이고, 십자가 같은 로뎀나무가 있었을지 모른다. 하나님은 당신을 많이 사랑하신다. 삶의 짐에 눌릴 때 하나님의 품으로 달려가시라. 그곳이 당신의 피난처다. 그곳에 있는 동안 아버지께서 당신의 억울한 일들, 답답한 일들을 다 해결해 주신다. 세상의 어떤 아빠도 반갑다고 혹은 그 품으로 안기겠다고 뛰어오는 자기 자식의 손을 냉정하게 뿌리치지 않는다. 하물며 하나님 아버지시랴!

내 자식을 안심시키는 것이 부모의 본성이듯, 하나님은 절대 우리와 떨어지지 않으신다. 끝까지 우리와 동행하신다. 하나님은 절대 자녀에게 나쁘게 하지 않으신다. 당신 아버지가 누구신가? 인생길을 너무 힘들게 살지 마시라."

날마다 우리 짐을 지시는 주 곧 우리의 구원이신 하나님을 찬송할 지로다 /시편 68:19

많이 힘드셨죠?

## 오늘의 위로엽서

많이 힘드셨죠? 그래서 예수님이 오셨어요!

### 예수님께로부터 온 편지

흑암에 앉은 백성이 큰 빛을 보았고 사망의 땅과
그늘에 앉은 자들에게 빛이 비치었도다…
/마태복음 4:16


예수께서 또 말씀하여 이르시되 나는 세상의 빛
이니 나를 따르는 자는 어둠에 다니지 아니하고
생명의 빛을 얻으리라 /요한복음 8:12


너희가 전에는 어둠이더니 이제는 주 안에서 빛
이라 빛의 자녀들처럼 행하라 /에베소서 5:8

강냉이 한 알

에필로그

캄보디아에서 선교를 하고 있는 나의 제자들이 있다. 안식년을 맞아 그들이 한국에 왔을 때, 그들의 여덟 살짜리 아들이 마음의 병을 앓고 있는 것을 발견했다. 말을 더듬거나 거의 하지 않았고, 잘 웃지도 않았다. 나중에 알고 보니 아들은 유치원 때부터 캄보디아 아이들에게 왕따를 당하고 있었다.

"너는 왜 우리나라에서 사는 거야? 네 나라로 가. 우리는 네가 싫어. 돌아가!"

아들은 혼자 화장실에 가서 머리를 벽에 부딪히거나 멍이 들도록 팔을 꼬집으며 자신을 싫어하고 학대했다. 상담가는 아들이 자폐증세가 있어 보인다고 했다. 그러나 예수님을 만나고 성령을 체험한 후에 아이가 급속히 바뀌었다. 마음의 상처도 언어와 함께 회복되었다. 캄보디아는 깨끗하지 않다고 한국에 있겠다고 졸라대던 아이가, 캄보디아로 어서 돌아가자고 했다. 아이는 자신을 괴롭히던 친구들을 만나 전도하고 싶어 했다.

성령님이 하시는 일은 위대하고 놀랍지 않은가! 어른이든 아이든 마음의 주인이 바뀌어야 한다. 나에게서 예수님으로 주인을 바꾸면, 성령께서 내 마음에 들어오신다. 하나님의 빛이 존재 깊이 들어와서 속사람을 비추고 새사람을 만든다.

사도 바울은 예수님께 절대 돌아올 사람이 아니었지만, 예수님의 그레이트 라이트(great light)를 받고 고꾸라지면서 주를 믿게 되었다. 예수님은 다메섹에서 사도 바울을 직접 전도하셨다.

> 가는 중 다메섹에 가까이 갔을 때에 오정쯤 되어 홀연히 하늘로부터 큰 빛이 나를 둘러 비치매 내가 땅에 엎드러져 들으니 소리 있어 이르되 사울아 사울아 네가 왜 나를 박해하느냐 하시거늘 내가 대답하되 주님 누구시니이까 하니 이르시되 나는 네가 박해하는 나사렛 예수라 하시더라 / 사도행전 22:6-8

그것은 인간의 설득이나 교훈으로 된 것이 아니라, 그에게 임한 큰 빛의 역사였다. 지금 다음세대에게 그 빛이 필요하고, 성령의 역사가 임해야 한다.

내가 이 책의 처음 부분에서 샤인 영성에 대하여 잠시 언급했다. 나의 평생 소원은 지구에 사는 모든 청년들과 아이들에게 그레이트 라이트(Great Light)인 예수님을 소개하는 것이다. 그때 바울처럼 성령의 빛이 임하여, 젊은이들이 주께 돌아오는 것이다. 성령의 임재와 역사가 아니면 결단코 그들이 하나님께 돌아올 수 없다. 이것을 위해 주의 종들은 '기도하는 목회'를 살지 않을 수 없다.

이것을 경험한 젊은이들 누구에게나 나타나는 공통된 특징 두 가지가 있다. 첫째, 정죄하지도 않고 정죄 받지도 않는 평온한 마음이다. 이것은 교회에서 먼저 시작해야 한다. 교회는 이 사회의 모범이 되어야 한다. 크리스천은 내가 속한 곳을 정죄 없는 세상으로 만들어 가야 한다. 둘째, 감사하는 마음이다. 하나님께는 찬송하는 마음일 것이다. 현대인들이 겪는 마음의 병은 대부분 감사하지 않아서 생긴다.

요즘 그렇게 많은 청년들이 우울증에 시달리는 이유는 '감사 없음'에 있다. 나는 이들에게 '예수님의 십자가를 바라보며 과거에서 나와서 미래로 가라! 그리고 하나님과 부모님 등 권위자들에게 감사하자!'고 가르친다. 누구를 위해서가 아니라 자기 자신을 위해 그렇게 해보라고 권한다. 그러면 마음 깊은 곳에서 희년의 나

팔이 울린다. 모든 묶인 것들이 끊어진다. 어둠에서 빛으로 나아
간다. 어디서든 누구를 만나든 감사하는 자유, 불평하지 않는 자
유를 누린다.

살아보면 알겠지만 가정도 나라도 감사 없는 저주에 빠지면 지
옥이다. 그 민족의 미래가 없다. 지금 대한민국은 이것이 절실하
다. 우리 나라를 샤인하게 만들 수 있는 희망은 예수님(Great Light)
과 성령의 권세뿐이다.


나의 멘토셨던 김준곤 목사님(CCC 전 총재)이 돌아가시기 전, 유
언으로 내게 주신 말씀이 바로 성령에 관한 말씀이셨다. "김 목사
님, 젊은이들을 위해서 강하고 담대하십시오. 최근  하나님을 대
항하는 대학생들이 너무 많습니다. 바울처럼 성령의 역사와 표적
이 있지 않으면  도무지 돌아오지 않는 완악한 시대가 왔습니다."

김 목사님이 돌아가시고 벌써 수년이 지났다. 지금은 그때보다
청년, 청소년들이 교회를 떠나는 속도가 더 빨라졌다. 심지어 이
단 교회들에 젊은이들이 셀 수 없이 몰려가고 있다.  교계가 넋 놓
고 성토만 할 때가 아니다. 우리 교회도 미국의 TCU(Texas Christian
University), 그리고 CBS와 협력하여 '샤인 TBRI 클럽' 동아리를 만

들어 일반 중고등학교에 들어가서 복음을 전한다. 우리 교회의 어른들, 전문가들, 대학생들이 그들을 잘 돌보고 있지만 쉬운 일은 아니다. 지금은 전 교회가 엘리야처럼 비상시국을 선포하고 갈멜산으로 올라가든지, 목숨을 걸고 기도해야 한다.

> 보라 여호와의 크고 두려운 날이 이르기 전에 내가 선지자 엘리야를 너희에게 보내리니 그가 아버지의 마음을 자녀에게로 돌이키게 하고 자녀들의 마음을 그들의 아버지에게로 돌이키게 하리라… /말라기 4:5-6

2018년 3월 1일, 성결교단에 가서 보니, 총회장부터 모든 임원들이 전국주일학교 교사세미나를 열고 금식기도를 하고 있었다. 강사 대기실에서 물어 보니, 전국에 있는 성결교단 소속 교회들이 주일학교를 위해 함께 금식한다고 했다. 나는 감격하여 설교는 뒷전이고 강단에서 울기만 했다.

2017년 통합측 전국장로수련회에서 마지막 날 부흥회를 인도하는데, 4,500여 명의 장로님들이 나라를 걱정하며 다음세대를 위해 눈물로 부르짖어 기도하는 것을 보았다. 엘리야의 심정을 가진 교계의 어른들이 서서히 팔을 걷어붙이고 일어서고 있다. 일제 강

많이 힘드셨죠?

점기 감옥에서 순교하시기 전, 후손을 위해 중보하셨던 주기철 목사님의 기도가 떠오른다.

"우리 후손의 입에서 찬송이 끊어지지 않게 하소서!"

주 목사님의 기도에서 엘리야의 마음이 강하게 느껴진다. 하나님을 떠나서 마음에 병이 들고 방황할 우리 후손을 위해, 미리 예언처럼 기도하셨다.

나는 이 책을 마무리하면서, 나와 같은 목사나 부모들의 말과 삶이 일치하지 않음으로 환멸을 가지고 교회를 떠난 우리 자녀들을 위해 회개하는 마음으로 기도한다. 많이 힘들고 아팠을 그들의 마음에 빛이 들어오고, 다시 성령의 바람이 불기를 중보한다. 다음세대여! 다시 하나님 아버지께 돌아가시라!


"하나님의 교회가 세속의 영에 압도되어 하나님께 영광을 돌려야 하는 사명을 잃어버렸습니다. 주의 종들이 하나님의 영광을 도적질하여 예배에 하나님의 기름부으심이 끊어졌습니다. 젊은이들이 하나님의 말씀대로 살지 아니하고 세상의 것을 예배보다 더 사랑하여, 이 시대에 주시고자 했던 주님의 약속들이 취소당한 이때, 주여, 우리에게 믿음을 더하시옵소서.

에필로그

이 세대를 위해서도 예수님은 피를 흘리셨습니다. 이 땅을 위해서도 주님은 중보하셨습니다. 무슨 말을 하겠습니까? 무슨 말이 필요하겠습니까? 주님, 원통합니다. 배불러서 예수님을 버렸습니다. 믿음의 사람들이 생애를 던져 세운 교회들인데, 이 교회들이 세상의 우상에 도적질 당하고, 믿음이 있는 자마저 믿음을 빼앗기고, 사랑이 식어 가고 있습니다. 주님, 마지막 지푸라기라도 붙잡는 심정으로 이렇게 나와 무릎 꿇고 회개하오니 주여, 한 움큼의 긍휼이라도 이 땅에 그리고 이 자리에 부으시옵소서.

하나님을 사랑하는 빼어난 백성이 되었기에 이 백성에게 좋은 것을 다 주셨는데, 저들은 하나님을 배반해 버렸습니다. 하나님을 욕되게 하였습니다. 인본주의가 교회에 들어왔습니다. 먹고 사느라 바빠서 예배드리지 못하고, 예배의 중심이 사라지고, 주님을 사랑하는 중심이 사라지고 있는 이때에 주님, 어디에 마음을 두시겠습니까? 누구에게 마음을 두시겠습니까? 얼마나 허탈하십니까? 얼마나 외로우십니까? 얼마나 고통스러우십니까?

오, 주님! 누가 주님의 마음을 알겠습니까! 누가 주님의 의도를 알겠습니까! 누가 주님의 마음을 살피겠습니까! 누가 이 교회를

많이 힘드셨죠?

하나님이 불꽃같은 눈으로 돌보신다는 것을 이해하겠습니까! 누가 이 시대 마지막 때에 젊은이들을 열방의 선교사로 키우고자 하시는 하나님의 간절한 소원을 이해하겠습니까! 누가 주님의 슬픔을 이해하겠습니까! 겟세마네 동산에서 땅바닥에 얼굴을 찧어 가며 '아버지, 할 수 있다면 이 잔이 지나가게 해주세요!' 했던 예수님의 마음을 누가 이해하겠습니까! 마지막 남은 한 영혼까지 주님에게 돌아오기를, 마지막 남은 이 땅의 한 교회라도 주님에게 돌아오기를 주님이 얼마나 애타게 기다리시는지 누가 그 마음을 살피겠습니까!

주님, 헐떡입니다. 주님 사랑으로 헐떡입니다. 숨을 쉬지 못하도록 헐떡입니다.

동구 밖에서 기다리는 아버지마냥 지금도 천국문에 서서 우리가 들어갈 때까지 두 손 들고 중보하시는 예수님께 간절히 기도합니다. 모든 두려움이 거짓임이 노출되게 하시고, 우리가 걱정하는 모든 것이 허구임을 깨닫게 하여 주옵소서! 걱정하고 염려하는 것이 얼마나 신성모독죄인지를 깨닫게 하여 주시옵소서! 얼마나 끔찍한 죄인지 알게 하여 주시옵소서!

'심령이 가난한 자는 복이 있나니 천국이 그들의 것임이요'(마태복음 5:3). 너무 배불러서 기도 못 하고, 너무 잘나가서 하나님께 예배하지 못하는 자들이 오늘 심령의 가난함의 축복을 받게 하여 주셔서, 애통하는 자 하나님의 위로를 받게 하시고, 핍박받는 자 하나님의 상급을 받게 하소서. 우리가 구하지 아니하여도 이미 다 알고 계시는 하나님이시오니 이방인처럼 구하지 말고 오직 주님을 경배하게 하소서. 하나님의 성품을 높이며 아버지의 능력과 그 사랑의 위대하심을 찬양하게 하소서.

밖에는 바람이 불고 우리 안에는 성령의 바람이 붑니다. 우리는 노아의 방주처럼 안전합니다. 세상은 악하여, 정욕과 도적질과 하나님을 멸시하는 그런 사악한 칼바람이 불어도 우리 안에는 하나님의 훈훈한 봄바람이 붑니다. 주님, 주님을 사랑합니다. 주님을 사랑합니다. 주님을 사랑합니다."

'이 시대와 젊은이들을 위한
김형민 목사의 중보기도'를 보세요.